4 Mai 1891 — 991 P

SUCCESSION

DE

Mme la Comtesse de V.-S., née de la Moskowa

Veuve du Duc de Persigny

RICHE MOBILIER

Estampes, Tableaux

TRÈS BEAUX LAQUES DU JAPON

Paravents, Broderies, Étoffes

BRONZES — TAPISSERIES — TAPIS D'ORIENT

ARGENTERIE

VENTE APRÈS DÉCÈS

HOTEL DROUOT, SALLE No 1

Les Lundi 4, Mardi 5, Mercredi 6, Vendredi 8, Samedi 9, Lundi 11 et Mardi 12 Mai 1891, à deux heures

EXPOSITIONS SALLES Nos 1 & 2

PARTICULIÈRE	PUBLIQUE
Le Samedi 2 Mai 1891	Le Dimanche 3 Mai 1891

DE UNE HEURE ET DEMIE A CINQ HEURES ET DEMIE

Me G. DUCHESNE

COMMISSAIRE-PRISEUR, SUCCESSEUR DE **Me ESCRIBE**, RUE DE HANOVRE, 6

EXPERTS :

Pour les Objets d'art :	*Pour les Estampes :*
M. Ch. MANNHEIM	**M. J. BOUILLON**
Rue Saint-Georges, 7	Rue des Saints-Pères, 3

PARIS — 1891

IMPRIMERIE MAULDE ET RENOU

A. MAULDE & Cie

IMPRIMEURS DE LA COMPAGNIE DES COMMISSAIRES-PRISEURS

Rue de Rivoli, 144. — Paris

CATALOGUE

DU

RICHE MOBILIER

ESTAMPES FRANÇAISES ET ANGLAISES DU XVIIIe SIÈCLE

DESSINS, AQUARELLES ET TABLEAUX

4 GRACIEUX DESSUS DE PORTES PAR LAGRENÉE

TRÈS BEAUX LAQUES DU JAPON

Ivoires. — Bronzes. — Fers damasquinés. — Cloisonnés. — Éventails. — Kakémonos

MAGNIFIQUES PARAVENTS

RICHES BRODERIES ET ÉTOFFES EUROPÉENNES ET ORIENTALES

PORCELAINES DE CHINE ET DU JAPON, FIGURINES DE SAXE, FAIENCES

BELLE ARGENTERIE

Bronzes d'ameublement

MEUBLES ET SIÈGES ANCIENS ET DE STYLE

TENTURES, TAPIS D'ORIENT

TAPISSERIES RENAISSANCE & D'APRÈS TÉNIERS

DONT LA VENTE AURA LIEU

Après le décès de **Mme la Comtesse de V.-S.,** *née de la Moskowa*

VEUVE DU DUC DE PERSIGNY

HOTEL DROUOT, SALLE N° 1

Les Lundi 4, Mardi 5, Mercredi 6, Vendredi 8, Samedi 9, Lundi 11 et Mardi 12 Mai 1891

A DEUX HEURES

Par le ministère de **Me G. DUCHESNE,** Commissaire-Priseur

Successeur de **Me ESCRIBE**, rue de Hanovre, 6

ASSISTÉ DE :

M. Ch. MANNHEIM
EXPERT EN OBJETS D'ART
Rue Saint-Georges, n° 7

M. J. BOUILLON
MARCHAND D'ESTAMPES
Rue des Saints-Pères, n° 3

EXPOSITIONS SALLES N°s 1 & 2

PARTICULIÈRE
Le Samedi 2 Mai 1891

PUBLIQUE
Le Dimanche 3 Mai 1891

DE UNE HEURE ET DEMIE A CINQ HEURES ET DEMIE

CONDITIONS DE LA VENTE

Elle aura lieu au comptant.

Les Acquéreurs paieront CINQ CENTIMES PAR FRANC en sus des adjudications.

Aucune réclamation ne sera admise une fois l'adjudication prononcée.

ORDRE DES VACATIONS [1]

Le Lundi 4 Mai 1891

	Numéros
ESTAMPES	1 à 67
AQUARELLES, DESSINS	68 à 82
TABLEAUX	83 à 91
LIVRES	859 à 864

Le Mardi 5 Mai 1891

FAÏENCES	94 à 116
PORCELAINES DE LA CHINE ET DU JAPON	117 à 205
Id. DE SAXE ET D'ALLEMAGNE	206 à 221
Id. DIVERSES	222 à 232

Le Mercredi 6 Mai 1891

LAQUES DU JAPON	233 à 325
IVOIRES	326 à 344

Le Vendredi 8 Mai 1891

OBJETS D'ART VARIÉS DE L'ORIENT	345 à 408
KAKÉMONOS	409 à 432
PARAVENTS, ÉTAGÈRES ET MEUBLES DE L'EXTRÊME-ORIENT	433 à 473

Le Samedi 9 Mai 1891

MARBRE, BRONZE D'ART	92 et 93
OBJETS VARIÉS EUROPÉENS	474 à 490
ARGENTERIE	491 à 530
PLAQUÉ, ARGENTURE	531 à 540
OBJETS DE VITRINE	541 à 556
BRONZES D'AMEUBLEMENT	557 à 592

Le Lundi 11 Mai 1891

MEUBLES ANCIENS, DE STYLE ET DE FANTAISIE	593 à 668
PARAVENTS	669 à 677
SIÈGES EN BOIS DORÉS	678 à 702
Id. TOUT EN ÉTOFFE	703 à 709
Id. ANCIENS ET DE FANTAISIE	710 à 741

Le Mardi 12 Mai 1891

COUSSINS	742 à 763
BRODERIES, SOIERIES ET ÉTOFFES EUROPÉENNES	764 à 786
BRODERIES ET ÉTOFFES DE L'EXTRÊME-ORIENT	787 à 818
TAPIS D'ORIENT	819 à 853
TAPISSERIES	854 à 858

(1) *N. B.* L'ordre numérique ne sera pas suivi.

Désignation des Objets

ESTAMPES [1]

BARTOLOZZI (F.)

1 — Marie-Christine, archiduchesse d'Autriche, gouvernante des Pays-Bas, d'après ROSLIN. In-fol.

Superbe épreuve imprimée en bistre. Marge.

BAUDOUIN (D'après P.-A.)

2 — Le Carquois épuisé, par N. DE LAUNAY. (E. B. 11.)

Magnifique et très rare épreuve avant la lettre et avant les changements faits depuis dans la tablette. Très grande marge.

3 — Le Coucher de la Mariée, gravé à l'eau-forte par J.-M. MOREAU et terminé au burin par J.-B. SIMONET. (1786). (E. B. 16.)

Magnifique épreuve avant toutes lettres, avec les armes ; elle est de la plus grande fraîcheur et a toute sa marge non ébarbée. Très beau cadre orné d'un riche fronton avec guirlande descendant sur les côtés.

(1) Toutes les estampes cataloguées sous ce titre sont encadrées, la plupart dans de très beaux cadres en bois sculpté.

BAUDOUIN (D'après P.-A.)

4 — Le Lever. — La Toilette. Deux pièces faisant pendants gravées par Massard et N. Ponce. (1771). (29 et 48.)

Superbes épreuves avec la première adresse, celle de Mme Baudouin.

5 — Marton, par N. Ponce. (E. B. 31.)

Superbe épreuve avant toute lettre, seulement les noms des artistes tracés à la pointe. Rare.

6 — Le Modèle honnête, gravé à l'eau-forte par J.-M. Moreau et terminé au burin par J.-B. Simonet. (34.)

Superbe et très rare épreuve avant toute lettre. Cadre en bois sculpté avec fronton.

7 — Perette, par Guttenberg. (36.)

Superbe et rare épreuve avant toute lettre, seulement les noms d'artistes tracés à la pointe.

BEAUVARLET (J.-F.)

8 — Du Barry (Madame la Comtesse), en costume de chasse, d'après Drouais. In-fol.

Superbe et rare épreuve avant la lettre.

BIGG (D'après W.-R.)

9 — La Cueilleuse de Noisettes, gravé par Tomkins.

Très belle épreuve avant la lettre. Marge.

BOILLY (L.)

10 — Le petit Mendiant. — Réjouissances publiques. — Les Ivrognes. — Les Journaux. — La Frayeur. — Les Mangeurs d'huîtres. Six pièces coloriées.

BOUCHER (D'après F.)

11 — Jeune Femme en buste, vue de face, gravé aux trois crayons par Bonnet.

Très belle épreuve.

BUNBURY (D'après)

12 — Billards. Deux pièces faisant pendants, gravées par Watson et Dickinson, en couleur.

Très belles épreuves. Rares.

BYRON (D'après J.-G.)

13 — La Porte de l'Auberge. — La Cour d'une Hôtellerie. Deux pièces en couleur faisant pendants, montées en dessin.

Très belles épreuves.

COUTELLIER

14 — Dugazon (Mme). En couleur, montée en dessin.

Très belle épreuve.

DEBUCOURT (P.-L.)

15 — Le Menuet de la Mariée (1786). — La Noce au Château (1789). Deux pièces faisant pendants, en couleur.

Magnifiques épreuves avec marge. Très beaux cadres avec fronton, et or de deux couleurs.

16 — Les Deux Baisers (1786).

Superbe épreuve en couleur.

17 — L'Escalade ou les Adieux du matin (1787).

Superbe épreuve en couleur. Grande marge.

DICKINSON (W.)

18 — The Gardens of Carleton-House With Neapolitan ballad Singers. Dessiné le 18 mai 1784 et publié le 10 mai 1785. Grande et belle pièce en largeur, très intéressante comme costumes de cette époque.

Superbe et très rare épreuve avant toute lettre, avec marge. Coloriée.

ÉCOLE ANGLAISE

19 — Jeune Femme en buste dans un médaillon, vue de face et coiffée d'un grand chapeau, en couleur.

Très belle épreuve avant toute lettre.

FRAGONARD (D'après H.)

20 — Le Baiser à la dérobée, par N.-F. Regnault.

Superbe et très rare épreuve avant toute lettre, seulement le nom du graveur à la pointe. Grande marge.

21 — La Déclaration, par Bervic.

Superbe épreuve avant toute lettre.

22 — Les Hazards heureux de l'Escarpolette, par N. de Launay.

Superbe et rare épreuve avant la dédicace et avec la faute au mot Escarpolette. Dans un merveilleux cadre en bois orné d'un riche fronton composé des attributs de l'amour avec guirlandes de roses tombant sur les côtés.

FREUDEBERG (D'après S.)

23 — L'Événement au Bal, gravé à l'eau-forte par Duclos, terminé au burin par Ingouf Junior.

Superbe et très rare épreuve avec la tablette blanche.

FREUDEBERG (D'après)

24 — Le Lever, par A. Romanet (1774).

Superbe et très rare épreuve avec la tablette blanche.

25 — La Promenade du soir, par Ingouf Junior (1774).

Superbe et très rare épreuve avant toute lettre. Grande marge.

26 — La Soirée d'hiver, par Ingouf Junior (1774).

Superbe et très rare épreuve avant toute lettre. Grande marge.

GAUGAIN

27 — The Wife of Bath (1783). En couleur.

Superbe épreuve.

GREUZE (D'après J.-B.)

28 — La petite Fille au Chien, par Porporati.

Magnifique et très rare épreuve avant toute lettre, marge. Cadre avec fronton.

GREEN (Val)

29 — Portrait d'une jeune Femme vue de face et tenant un Chien sur ses genoux, d'après Calze (1771).

Superbe épreuve avant la lettre. Marge.

JANINET (F.)

30 — Portrait de Marie-Antoinette d'Autriche, Reine de France et de Navarre (1777). In-fol., en couleur.

Superbe épreuve avec marge ; son cadre ornementé, rehaussé d'or, est monté sur charnière et ne touche pas à l'estampe. Rare.

LAVREINCE (D'après N.)

31 — Ah ! le joli petit Chien. — Le petit Conseil. Deux pièces faisant pendants. Gravées en couleur par JANINET.

Très belles épreuves. Remargées.

32 — Les Offres séduisantes, par J.-L. DELIGNON. (E. B. 43.)

Superbe et très rare épreuve avant toute lettre, seulement les noms des artistes tracés à la pointe.

33 — Le Colin-Maillard, par LECŒUR. (E. B. 1. des pièces attribuées à LAVREINCE.)

Superbe épreuve en couleur. Remargée.

MARILLIER (D'après)

34 — Henri IV et Gabrielle, représentés en regard sur une même feuille, entête de page.

Belle épreuve.

MOREAU (D'après J.-M.)

35 — Déclaration de la Grossesse, par MARTINI (1776).

Superbe épreuve avant la lettre.

36 — N'ayez pas peur, ma bonne amie, par HELMAN (1776).

Superbe épreuve avant la lettre.

37 — Les Délices de la Maternité, par HELMAN (1777).

Superbe épreuve avant la lettre.

38 — Les Adieux, par N. DE LAUNAY (1777).

Superbe épreuve avant la lettre. Marge.

MOREAU (D'après J.-M.)

39 — La Dame du Palais de la Reine, par P.-A. Martini (1777).

Superbe épreuve avant la lettre. Marge.

40 — Le Souper fin, par Helman (1781).

Superbe épreuve avant la lettre.

41 — La Partie de Whist, par J. Dambrun (1783).

Superbe épreuve avant la lettre. Marge.

42 — La Sortie de l'Opéra, par Malbeste.

Superbe épreuve avant toute lettre. Marge.

43 — Oui ou non, par N. Thomas (1781).

Superbe épreuve avant la lettre.

44 — La petite Toilette, par P.-A. Martini.

Superbe épreuve avant la lettre. Rare.

45 — La grande Toilette, gravée à l'eau-forte, par Trière (1777) et terminée au burin, par Romanet.

Superbe épreuve avant la lettre.

46 — La petite Loge, par Patas.

Superbe épreuve avant la lettre. Marge.

47 — Le vrai Bonheur, par J.-B. Simonet (1782).

Superbe épreuve avant toute lettre, seulement les noms des artistes tracés à la pointe.

MOREAU (D'après J.-M.)

48 — Julie se jette dans les bras de Saint-Preux (Le premier Baiser). Vignette in-4, tirée des œuvres de Rousseau, gravée par Le Mire.

Très belle épreuve avant les numéros.

49 — Plantation d'un mai devant la porte d'un château. Vignette in-8 pour les à-propos de la *Folie de Laujon*, gravée par P.-A. Martini.

Très belle épreuve avant la lettre.

PETERS (D'après S.-W.)

50 — The fortune teller. — The Gamesters. Deux pièces faisant pendants, gravées par J.-R. Smith et W. Ward.

Superbes épreuves en couleur, avec belles marges. Rares.

REYNOLDS (D'après sir J.)

51 — Bingham (The Honourable miss). — Spencer (The right Honourable Countess). Deux portraits in-4 faisant pendants, gravés par Bartolozzi.

Superbes et très rares épreuves avant la lettre, marges. Cadres avec frontons.

ROWLANDSON (D'après T.)

52 — Vaux-Hall, par R. Pollard.

Très belle épreuve en couleur.

53 — She Don't deserve it (1789), terminé à l'aquatinte par J. Roberts.

Très belle épreuve en couleur.

SAINT-AUBIN (Aug. de)

54 — Au moins soyez discret. — Comptez sur mes serments. Deux pièces faisant pendants. (E. B., 406 et 407.)

Superbes épreuves avant toutes lettres, seulement le nom de *Aug. de Saint-Aubin delin et sculp.* tracé à la pointe sous le trait carré.

SAINT-AUBIN (D'après Aug. de)

55 — Le Bal paré. — Le Concert. Deux pièces faisant pendants, gravées par A.-J. Duclos. (E. B., 402-403.)

Superbes épreuves avec belles marges.

SMITH (J.-R.)

56 — The Promenade at Carlisle House (1781).

Magnifique épreuve avant la lettre (lettres tracées), et avec marge. Les jeunes élégantes que l'on remarque dans cette charmante composition sont les portraits de Lucy Hasweld, Miss Moss, Henrietta Montagu, Charlotte Sommerville, Towley Maria, Widdon, etc. Rare.

57 — Almeria, d'après J. Opie (1787), en couleur.

Superbe épreuve avec marge. Très rare.

58 — Sophia Western, d'après J. Hopner, en couleur.

Superbe épreuve. Rare.

59 — Sylvia, gravé à la manière noire d'après Peters (1778).

Superbe épreuve avec grande marge. Rare.

SMITH et WARD

60 — A Visit to the grandmather. — A Visit to the Grandfather. Deux pièces faisant pendants, d'après Northcote et J.-R. Smith et imprimées en couleur.

Superbes épreuves.

SOMM (H.)

61 — La Femme à l'éventail.

Épreuve signée.

TANCHE (D'après N.)

62 — Les Désirs naissants, par LE BEAU.

Superbe épreuve avec marge.

VINCENT (D'après)

63 — Ah s'il y voyait!..., par COMMARIEUX, en couleur.

Très belle épreuve.

WATTEAU (D'après ANT.)

64 — Le Rendez-Vous pour la colation dans un parc. Pièce en largeur, gravée à l'eau-forte.

Très belle épreuve.

WILLE Fils et SCHENAU (D'après)

65 — La Dissimulée. — La Nonchalante. Deux pièces faisant pendants, gravées par LOUISE GAILLARD.

Très belles épreuves avec marge.

UNGER (W.)

66 — Musée national d'Amsterdam. Trente-deux planches gravées par M. le professeur WILLIAM UNGER. In fol. en portefeuille

67 — Sous ce numéro, il sera vendu un grand nombre de Gravures et Photographies encadrées et en feuilles et quelques Gravures en couleur de chasses et de courses.

AQUARELLES, DESSINS

68 — Bel Album du temps de la Restauration, les plats en velours de soie ponceau avec riche garniture de vermeil ciselé et repercé à jour et chiffre L. M. surmonté d'une couronne de marquis. Il renferme :

1 **Decamps.** Chasseur au repos. (Sépia signée.)

2 **Ciceri** (1834). Village dans les montagnes. (Aquarelle.)

3 **C. Roqueplan** (1827). Conversation galante. (Sépia.)

4 **Ary Scheffer.** Bataille de la Moscowa. (Aquarelle signée, même composition que celle du tableau n° 88.)

5 **H. Vernet** (1827). Allégorie. (Sépia.)

6 **J. Isabey** (1824). Scène d'intérieur. (Aquarelle.)

7 **Enfantin** (1827). Paysage suisse. (Sépia.)

8 **Charlet.** Le Bureau des arrérages. (Aquarelle.)

9 **F. Grenier.** Conversation de Villageois. (Aquarelle.)

10 **Eug. Delacroix.** Cheval de selle. (Encre de Chine et rehauts de blanc.)

11 **Fielding ?** Chevreuil. (Aquarelle.)

12 **Eugène Isabey** (1829). Barques de pêche sur la plage. (Aquarelle.)

13 **Siméon Fort.** Une Cascade. (Aquarelle.)

14 **Th. Gudin** (1827). Le Retour de l'île d'Elbe. (Sépia.)

15 **École Anglaise.** Montagnes d'Écosse. (Aquarelle.)

16 **Giov. Migliara** (1827). Un Cloître en Italie. (Aquarelle.)

17 **P. Palagi.** (Milan). L'Invention du dessin. (Lavis et rehauts de blanc.)

(Ces Aquarelles pourront être vendues séparément.)

BOREL (A.)

69 — Le Maréchal-des-Logis Louis Gillet. Deux scènes de sa vie :

La jeune Fille sauvée de l'attaque des Brigands.

La Demande en Mariage.

Deux pendants à la plume et à l'aquarelle signés. Ont été gravés par Voysard.

Haut. 0^m24 ; larg. 0^m19.

Cadres en bois avec fronton et guirlandes de roses tombant sur les côtés.

DUVAL (Amaury)

70 — Portrait de jeune fille de profil.

Crayon.

FRAGONARD

71 — Nymphes. (Sépia.)

Cadre ancien sculpté et doré.

LAVREINCE (Nicolas)

72 — MM. Merteuil and Miss Cecile Volange.

Sujet tiré des *Liaisons dangereuses*, a été gravé en noir et en couleur par Romain Girard.

Dessin de forme ovale, rehaussé de blanc.

Haut. 0^m33 ; larg. 0^m27.

MARILLIER (C.-P.)

73 — Scènes tirées des œuvres de Regnard.

Deux dessins à la plume et lavis d'encre de Chine, ont été gravés.

Haut. 0m12 ; larg. 0m09.

Cadres en bois très fins ornés de fleurs avec un petit fronton.

74 — Deux Petits Dessins. Jeux d'Enfants.

Cadres sculptés.

75 — Deux Dessins d'illustration. (Plume et lavis.)

Cadres sculptés.

SAINT-AUBIN (Auguste de)

76 — Portrait de Femme, de profil. (Dessin aux crayons de couleurs. Forme circulaire.)

77 — Tête de Femme, de profil.

Beau dessin à la mine de plomb.

Cadre Louis XVI à rubans et guirlandes bois sculpté et doré.

VELAY

78 — Paysage. (Fusain).

79 — Dernières Feuilles. (Fusain.)

80 — Petite Gouache rectangulaire sur vélin : Vue des environs de Naples.

Cadre sculpté.

81 — Petit Cadre ovale en bois finement sculpté et doré à fleurettes, branchages et coquilles.

82 — Petit Cadre ovale sculpté et doré, à têtes de chérubins et feuillage, acanthes et laurier, contenant une peinture sur cuivre : Piéta, de l'École italienne.

TABLEAUX

CHAMPAIGNE (D'après Ph. de)

83 — Portrait de Robert Arnaud d'Andilly.

DE PRADÈS

84 — Cheval de course.

DROLLING (Michel-Martin)

85 — Portrait présumé de Manuel, grandeur nature à mi-jambes.

Beau portrait, signé et daté 1822.

LAGRENÉE (Louis)

86 — Allégories. Quatre Dessus de portes.

Suite de quatre gracieuses compositions allégoriques. L'Hyménée, la Force et la Sagesse, la Richesse et la Vertu, etc..., caractérisées par des groupes de jeunes femmes et d'enfants.

Charmantes peintures de l'artiste, signées et datées 1768.

Haut. $0^{m}92$; larg. $1^{m}50$.

LANGLOIS (C.)

87 — Une Bataille du Premier Empire.

SCHEFFER (Ary)

88 — Bataille de la Moscowa.

Signé.

SPOHLER (J.-F.)

89 — Deux Vues de ville de Hollande.

ÉCOLE FRANÇAISE

90 — Portrait de Femme.

En robe bleue, avec garniture de dentelle, costume Louis XV.

91 — Deux Portraits de Femmes. (Pastels ovales).

MARBRE, BRONZE D'ART

92 — **Marbre blanc**. Statuette de Baigneuse assise sur un rocher. Signée M. de Vasselot, 1885.

93 — **Bronze**. Statue, grandeur nature, de petit pêcheur, les jambes nues, les mains derrière le dos, tenant une fourche. Bronze par M. de Vasselot.

FAIENCES

94 — Petite Soupière ovale, Couvercle et Plateau, en faïence de Delft à sujets Watteau et fleurs polychromes avec encadrement en dorure. Époque Louis XV.

95 — Beurrier à figures et ornements polychromes et dorés, en Delft.

96 — Dos de Brosse en Delft doré à décor polychrome dans le goût chinois.

97 — Deux Plats ronds d'ancienne faïence de Delft à décor pseudo-chinois de chimères, d'oiseaux, de vases de fleurs, de lambrequins, en bleu sur émail blanc.

98 — Deux Plats à ombilics d'ancienne faïence hollandaise à décor bleu de figures dans des paysages, avec : en haut, un écu montrant la grappe de la terre promise, et, en bas, un cartel aux initiales S B.

99 — Plat plus petit et d'un décor analogue.

100 — Deux Bouteilles côtelées à décor polychrome, en faïence hollandaise.

101 — Pot-Attrape à décor de médaillons, paysages maritimes, en camaïeu bleu, sur fond chargé d'ornements polychromes.

102 — Deux Vaches en faïence hollandaise à décor polychrome.

103 — Deux Chevaux même faïence.

104 — Plat hispano-mauresque à décor de feuilles et d'enroulements jaune chamois à reflets métalliques.

105 — Tableau composé de vingt carreaux en faïence moderne de Delft, représentant, en camaïeu bleu, une vue de ville hollandaise animée de nombreuses figures.

106 — Grande Plaque ovale et à bord contourné en faïence hollandaise à décor polychrome, représentant une vue de ville de Hollande.

107 — Plaque rectangulaire, même faïence, scène de patinage.

108 — Garniture de cinq pièces : Trois Vases couverts et deux Cornets, en faïence hollandaise, à décor de paysages et d'ornements en bleu dans le goût chinois.

109 — Lanterne en faïence hollandaise.

110 — Grand Plateau à bord contourné, genre Delft, décoré en bleu et bistre, de paysages pseudo-chinois, d'oiseaux et d'ornements en rocailles.

111 — Deux Plaques à angles coupés en faïence moderne à décor polychrome de figures ; elles sont pourvues chacune de deux branches porte-lumières en étain.

112 — Grand Vase, forme bouteille à corps surbaissé et col cylindrique émaillé jaune et violet flambés et décoré de grenades en ronde bosse. Fabrication de *Minton*.

113 — Deux grands Plats ronds à décor, en émaux de couleurs, d'oiseaux et de plantes aquatiques avec marlis à fleurons sur fond rouge. Style japonais.

114 — Plaque rectangulaire en terre émaillée : La Nativité, en bas-relief. Style Renaissance.

115 — Plusieurs grandes Garnitures de toilette décorées dans le genre oriental. Minton.

116 — Jardinières, Vases, Buires, Gourdes, Assiettes, petites pièces en faïence artistique moderne.

PORCELAINES

DE CHINE, DU JAPON ET POTERIES DE SATZUMA

117 — Deux belles Girandoles, formées chacune d'un vase quadrilobé d'ancienne porcelaine de la Chine, couleur rouge haricot flambée, avec monture de bronze doré à trois branches porte-lumières, de forme contournée.

118 — Beau Cornet à renflement médian, d'ancienne porcelaine de la Chine à décor bleu sur émail blanc, composé de quatre zones superposées à figures de femmes, vases de fleurs, divinités, etc. Collerette de baguettes en faisceau et socle rocaille à feuillages, en bronze doré.

119 — Deux beaux Vases couverts et de forme allongée en vieux Chine, de décor analogue à celui du Cornet qui précède, en bleu sur émail blanc, monture de style Louis XV en bronze doré.

120 — Chien de Fô d'ancienne porcelaine de la Chine émaillée bleu turquoise flambé ; il est assis, une patte sur la boule ajourée et dorée, sur un socle carré, émaillé gros bleu et garni d'une jolie monture de bronze ciselé et doré à rinceaux mouvementés et feuillages. Pièce de belle qualité.

121 — Vase en forme de crapaud sur lequel un enfant est endormi : ancienne porcelaine de Chine émaillée bleu turquoise. Socle élevé sur quatre chiens de Fô aussi en porcelaine turquoise, enrichi d'une jolie monture de bronze ciselé et doré : terrasse, pente de feuilles, cartouches armoriés, etc.

122 — Vase forme potiche à rosaces ajourées et branchages en relief en vieux blanc de Chine, garni d'une élégante monture de style Louis XV, en bronze ciselé et doré.

123 — Deux petites Bouteilles en céladon turquoise truité avec couvercles et socles de bronze doré. Style Louis XV.

124 — Jolie Théière en forme de fruit émaillé bleu foncé avec anse et goulot rattachés par des feuilles en relief, émaillés bleu turquoise. Socle rocaille en bronze doré.

125 — Théière en forme de Chien de Fô décorée en émaux de couleurs. Socle en bronze doré. Style Louis XV.

126 — Théière en forme de Cheval couché, émaillé en couleurs et monté sur une jolie terrasse en bronze ciselé et doré.

127 — Deux Flacons à thé, quadrilatéraux, en vieux Japon à décor de fleurs en bleu, rouge et or, en des réserves lobées entourées d'encadrements accentués d'émail noir. Couvercle à fleurettes et monture à cage de style Louis XV, en bronze doré.

128 — Gargoulette en vieux Japon, dont les deux faces sont creusées de cavités cordiformes, l'une contenant des poules et l'autre des fleurs en relief; décor polychrome avec rehauts d'or de plantes fleuries; collerette et socle, style rocaille, en bronze doré.

129 — Autre Gargoulette à décor de figures et de chimères, en couleurs avec rehauts d'or, collerette et socle rocaille en bronze doré.

130 — Deux belles petites Potiches couvertes en vieux Japon à branches de fleurs en relief et décor de chrysanthèmes et de pivoines en bleu, rouge, vert et or. Jolie qualité. Monture, de style rocaille, en bronze ciselé et doré.

131 — Fontaine conique et à deux anses surmontée d'un couvercle à bouton en ancienne porcelaine du Japon à décor de fleurs et de baguettes de bambou en bleu, rouge et or, garnie d'un robinet dauphin et exhaussée sur un support de bronze argenté, style Louis XIV.

132 — Joli Brûle-Parfums à quatre pans, couvercle ajouré, quatre pieds et deux anses trompes d'éléphants, en grès émaillé noir, cloisonné et appliqué d'or et d'argent et enrichi d'émaux bleu turquoise et rubis simulant des pierres précieuses. Des anneaux mouvants de métal doré sont engagés dans les anses.

133 — Deux Flacons à pans et à double renflement décorés en bleu de fleurs et d'ornements.

134 — Bouteille à corps sphérique et col cylindrique à renflement médian, en Chine à décor bleu, de figures dans des paysages, de zones de feuilles et d'ornements.

135 — Théière en forme de Lapin, émaillée bleu et couverte d'enroulements dessinés par des pois d'émail rouge cloisonnés de cuivre.

136 — Théière, modèle bambou, décorée en émaux de couleurs.

137 — Théière piriforme à couvercle et son Présentoir; rosaces ajourées et fleurettes gaufrées en relief à décor de fleurs et de mosaïques en émaux de la famille rose.

138 — Théière sphérique et son Présentoir à décor de fleurs en émaux de couleurs sur fond partiellement noir.

139 — Petit Vase libatoire décoré en émaux de couleurs.

140 — Théière en forme de Poule couveuse, émaillée en couleurs.

141 — Théière figurée par un Magot accroupi tenant sur une épaule en manière de goulot l'extrémité d'une trompe d'éléphant ; émaux polychromes.

142 — Grand Compotier en vieux Chine, décoré en émaux de la famille verte ; au fond un médaillon rond de chrysanthèmes est encadré de rinceaux et de bandes dentelées. Près du bord, une bande à fleurs en rouge de cuivre et branchages émaillés vert.

143 — Grand Compotier : au fond un buisson, sur le bord une bande de branchages verts avec fleurs en rouge de cuivre ; même bordure au revers.

144 — Plat rond en vieux Chine famille verte : au fond un médaillon rond, paysage, entouré d'une bande d'ornements et de fleurs sur fond pointillé de noir. Large bordure à réserves contenant des oiseaux.

145 — Plat à décor d'oiseaux sur des branches et sur des rochers.

146 – Plat fond blanc avec dragon en couleurs, les yeux et les griffes avivés d'or.

147 — Plat rond, décoré en bleu sur émail blanc, d'une chimère couverte d'écailles, dans un paysage.

148 — Plat ovale à décor bleu : carpe et palmier, sur fond émaillé vert d'eau.

149 — Deux très grands Vases ovoïdes avec couvercles surmontés d'une boule ajourée sur laquelle grimpent trois enfants ; poterie de Satzuma, à très riche décor en or et en couleurs : figures d'enfants, oiseaux, paysages, corbeilles de fleurs, en des compartiments encadrés de bambous en relief. Socles en bois de fer garnis de têtes chimériques à anneaux mouvants en bronze.

150 — Grand Brûle-Parfums sphérique, à deux anses surélevées et reposant sur trois pieds à têtes chimériques, en poterie de Satzuma, à riche décor en couleurs et dorure, composé de nombreuses figures.

151 — Deux Vases ronds et surbaissés, élevés sur trois pieds figurés par des têtes d'éléphants, à décor de fleurs en des réserves en forme d'éventails sur fond de mosaïque, en couleurs avec rehauts d'or.

152 — Deux petits Vases hexagones et à anses avec cavités oblongues sur les faces, à décor de figures et d'ornements en or et en couleurs.

153 — Coupe de Satzuma à décor excessivement fin en or et en couleurs, montrant deux personnages auprès d'un kakémono où sont peints une infinité de figures, le tout ressortant sur un fond de petits enroulements en émail blanc. Pièce signée sur la face et au revers.

154 — Deux grands Vases de forme ovoïde en poterie de Satzuma à décor d'oiseaux et de plantes aquatiques en fleurs, émaux de couleurs et dorure.

155 — Statuette d'une Divinité, en riche costume couvert d'une infinité d'ornements d'or et en émaux de couleurs; elle est assise sur un rocher. Satzuma.

156 — Statuette équestre en céramique japonaise d'un Guerrier en armure, casque en tête, un ballot sur le dos; émaux de couleurs et rehauts d'or.

157 — Enfant jouant de la flûte et assis sur un buffle.

158 — Deux très grandes Potiches ovoïdes à anses formées de dragons en relief et à couvercles surmontés de figurines. Riche décor en émaux de couleurs avec rehauts d'or à figures, fleurs et paysages, en des réserves variées de forme, sur fond rouge chargé de fleurs. Socle de bois dur, garni de têtes de chimères en bronze. Japon moderne.

159 — Vase en forme de Baril à anse double, décor bleu à paysage. Vieux Japon.

160 — Bouteille en vieux Chine, à décor, en rouge de fer, de chimères et d'animaux sur fond blanc. Collerette et socle feuillagés, en bronze ciselé et doré, de style rocaille.

161 — Bouteille à corps ovoïde et col annelé ; décor bleu à paysages.

162 — Théière sphérique à piédouche et anse surélevée, en Chine, à décor de fleurs en bleu sur blanc.

163 — Chimère à tête mobile décorée en bleu.

164 — Porte-Fleurs, bouteille côtelée à cinq ouvertures sur l'épaulement et à long goulot, se terminant en fleur, décor bleu de fleurs arabesques.

165 — Flacon côtelé, à montants alternés, paysages et mosaïques, en bleu.

166 — Plateau carré, à bord vertical élevé sur quatre pieds. Décor en bleu : paysage et figures.

167 — Plateau rectangulaire, à décor de fleurs gaufrées en relief, émaillées en couleur avec rehauts d'or. Japon moderne.

168 — Trois Plateaux octogones, décorés en bleu, rouge et or, marlis quadrillés. Japon moderne.

169 — Quatre Plateaux variés de décors. Japon moderne.

170 — Cache-Pot côtelé et à bord plat, décor bleu, rouge et or.

171 — Vase à fleurs, formé d'une touffe de grosses feuilles émaillées vert. Japon.

172 — Tour à toiture recourbée, élevée sur trois degrés, à décor bleu.

173 — Jardinière semi-ovoïde sur pieds, touffes de feuilles, en céladon vert d'eau à fleurs émaillées blanc et décor d'arbustes.

174 — Ecritoire en forme de boîte rectangulaire à paysage et bordures en couleurs, contenant un encrier en forme de papillon.

175 — Plat rond en porcelaine de Chine, à décor de pivoines et de fleurs en émaux blanc et vert sur fond rouge.

176 — Fontaine à décor d'oiseaux et d'ornements en relief, relevés d'émaux bleu, rouge et noir et de dorure ; elle est supportée par trois figurines. Japon moderne.

177 — Figurine de bonze accroupi, le costume émaillé vert d'eau, le visage et les mains en biscuit brun, la coiffure émaillée violet.

178 — Deux Cache-Pot cylindriques, à décor bleu, rouge et or. Style japonais. Porcelaine moderne.

179 — Cache-Pot cylindrique, à deux oreilles godronnées et dorées, en Japon moderne, à décor bleu, rouge et or ; armes de la maison de France, bouquets de grenades, bordures de mosaïque.

180 — Grand Vase cylindrique, à décor d'arbres fleuris sur fond de céladon vert d'eau.

181 — Deux Vases cylindriques, à décor d'oiseaux et d'arbres couverts de neige, avec émaux blancs en relief, ressortant sur un fond de ciel nuageux.

182 — Théière en Chine moderne, dans un panier en jonc.

183 — Corbeille à deux compartiments, l'un rond, l'autre hexagone, à ornements de couleurs en relief sur fond émaillé vert.

184 — Théière et deux Tasses, contenues dans un panier en jonc.

185 — Dix-sept Compotiers à bords festonnés, au centre, une chimère dans un cercle rouge festonné d'or ; sur le bord des réserves contenant des plantes. Japon.

186 — Neuf petits Plats à réserves lobées, fond bleu à rehauts d'or.

187 — Vingt grandes Soucoupes, à fleurs et ornements en bleu, rouge et or.

188 — Six Soucoupes, décorées en bleu, dragon et fleurs d'aubépine réservées dans la bordure.

189 — Douze petites Soucoupes à bords festonnés, décor en dorure.

190 — Lots de Bols variés de décor, en porcelaine du Japon.

191 — Tasses sans anse, en porcelaine cloisonnée du Japon.

192 — Tasses avec Soucoupes et Couvercles, en porcelaine mince à décor de figures, en bleu.

193 à 202 — Environ cinquante Théières, en porcelaine décorée de la Chine et du Japon, en terre de Boccaro, porcelaine cloisonnée, etc.

203 — Petits Vases, Flacons, Tabatières, etc.

204 — Tasses et Soucoupes, en porcelaine du Japon, variées de décor à dessin mosaïque chargé d'or.

205 — Lots de Tasses, Chine, Japon, Satzuma.

PORCELAINES

DE SAXE ET D'ALLEMAGNE

206 — Deux Figurines: Marquis et Marquise, vieux Saxe, décor en couleurs et dorure.

207 — Groupe de deux Figurines: Le Baiser, vieux Saxe. Socle rocaille bronze doré.

208 — Femme assise sur un Lion, vieux Saxe. Socle en bronze doré.

209 — Lion et Lionne, en regard, décorés au naturel, terrasses à rocailles en bronze doré.

210 — Deux Chevaux galopant, en regard. Socles contournés, bronze doré.

211 — Les Cinq Sens, personnifiés par cinq statuettes de femmes avec divers attributs. Socles en bronze doré.

212 — Quatre grands Groupes: Les Saisons. Socles en bronze doré.

213 — Deux Figurines: Berger avec son Chien.— Bergère avec un Agneau.

214 à 217 — Quatre petits Flacons à odeurs en Saxe, à figurines et oiseaux en relief.

218 — Flambeau à trois branches garnies de fleurettes, avec figure de vieillard, sur socle à rocailles. Blanc de Saxe.

219 — Six Assiettes à bords festonnés et dorés, d'ancienne porcelaine de La Haye, à décor polychrome. Au fond, oiseaux en des paysages, au marli, couronne de fleurs.

220 — Tasse trembleuse à sujets Watteau sur fond blanc et bouquets sur fond jaune, en porcelaine de Berlin.

221 — Quatre petites Corbeilles ovales ajourées à décor polychrome d'oiseaux et filets or, avec la marque « *Amstel* ».

PORCELAINES DIVERSES

222 — Grand Groupe en biscuit, composé de cinq figurines; Chasseurs et Bergères au pied d'un arbre.

223 — Joli Groupe : L'Amour et les Grâces, en biscuit de *Nast*.

224 — Autre Groupe en biscuit : Diane et ses Nymphes.

225 — Flacon de porcelaine anglaise à décor de fleurs, avec bouchon en argent.

226 — Figurines : Animaux, Oiseaux, en porcelaine décorée, genre Saxe.

227 — Vase à fleurs, en porcelaine anglaise : Hibou sur un tronc d'arbre.

228 — Deux Candélabres, en porcelaine, à trois lumières chaque, en forme de plantes aquatiques, émaillés en couleurs et rehaussés d'or.

229 — Autre Candélabre de même forme, à cinq lumières et un peu plus grand.

230 — Deux Porte-Fleurs à figurines de dames japonaises, en porcelaine anglaise, bleu, blanc et or.

231 — Deux Flambeaux à figurines d'enfants, en porcelaine anglaise, décorée et dorée.

232 — Diverses petites Pièces d'étagère, en porcelaine décorée.

LAQUES DU JAPON

233 — Très beau Meuble de milieu, Cabinet, en forme d'habitation, à terrasses et balcons et à pourtour, mi-partie plat et cintré, surmontée d'une toiture hexagonale. Tous les panneaux des portes, tiroirs et casiers sont en laques de couleurs et laques d'or à reliefs, d'une délicate ornementation et d'une extrême variété: Paysages maritimes, arbres en fleurs, plantes de toutes sortes, personnages dont les carnations sont d'ivoire rapporté, poissons en nacre, aigle en ivoire teint, cerf en pierre de lard, etc., etc., le tout du plus précieux travail. Boutons de tiroirs, fermoirs, charnières et appliques en métal. Ce meuble est monté à pivot sur un socle hexagone de même travail. — Signé.

234 — Beau Cabinet rectangulaire à trois tiroirs et porte de recouvrement, décoré extérieurement et intérieurement de palmes en forme d'écrans à main, en laque d'or à forts reliefs, sur champ noir zébré de bandes de nuages, poudrés et pailletés d'or. Garniture, fermoir et charnières en métal gravé e argenté.

235 — Beau Cabinet-Étagère à décor d'éventails et de branches feuillues sur champ aventuriné. Fermoirs, charnières, écoinçons en métal gravé et argenté.

236 — Beau Plateau rectangulaire, à angles arrondis, du plus ravissant décor en laque d'or, presque pas saillant et consistant en une infinité de petits tableaux jetés au hazard et historiés de paysages minuscules, de plantes, de vases, d'objets mobiliers, etc., sur un champ noir poudré et veiné d'or.

237 — Belle Table à pieds courts, en laque d'o à reliefs; le dessus représente les flots de la mer frangés d'écume, rehaussée d'argent, venant se briser contre une sorte de colonne cannelée, en laque rouge, qui émerge des eaux et dont le sommet disparait dans les nues. La mer est encaissée de montagnes plantées d'arbres. Les pieds en forme de trèfle et les coins de la tablette sont renforcés d'appliques en métal ciselé et argenté. Très jolie pièce.

238 — Tres belle Boite rectangulaire, à angles arrondis, composée de compartiments superposés, d'une remarquable ornementation de laque d'or à reliefs, consistant en arbres fleuris et plantes dans des chaînes de montagnes. Le premier compartiment renferme un plateau d'un décor analogue et, au-dessous, divers outils à manches laqués, tels que : Scie, Couteau, petit Maillet, etc., etc.

239 — Boite à écritoire, de forme rectangulaire, à angles arrondis, de même décor, en laque d'or, que la boite qui précède et contenant la pierre à délayer, le godet en métal, le bâton d'encre de Chine et deux pinceaux à fourreaux laqués.

240 à 249 — Dix très jolies pièces : Boites à thé et petites Boites variées de forme, le tout en laque d'or, à décor d'arbres en fleurs, analogue à celui des deux pièces qui précèdent.

250 — Herbier rectangulaire, en laque doré, dont le couvercle plat est enrichi de dix fleurons en métal argenté. L'intérieur renferme dix petits casiers mobiles remplis d'une quantité de fiches en palissandre, offrant chacune sur une face un échantillon de plante en fleurs et sur l'autre des inscriptions, dessinées en laque doré.

251 — Cantine japonaise, de forme rectangulaire, à décor de chrysanthèmes et de papillons, en dorure sur fond poudré, garnie d'appliques, d'écoinçons et d'une anse en métal gravé et argenté. Elle a trois tiroirs en bas ; deux Vases de métal repoussé et argenté s'engagent dans la tablette supérieure.

252 — Belle Cantine, en forme de cage à poignée et écoinçons de métal gravé et argenté, à décor de branches de fleurs en laque noir et or, sur fond aventuriné. Elle renferme une haute boite carrée à plusieurs compartiments, une boite rectangulaire et un plateau de décor analogue, plus une gourde en forme de tambourin, offrant sur une face un coq et sur l'autre un dragon, de très beau laque d'or à reliefs.

253-254 — Deux Œufs d'autruche finement décorés en laque d'or à reliefs : paysages avec habitations, ponts, massifs d'arbres, canards et figures dont les chairs sont en ivoire rapporté.

255 — Œuf d'autruche à décor en laque d'or très fin, à reliefs : paysages avec figures, dont les têtes et les mains sont rapportées en ivoire.

256 — Œuf d'autruche à décor d'oiseaux, de plantes et d'arbustes, en laque d'or très fin.

257 — Boîte ovale et à couvercle plat en laque d'or à décor, à léger relief, représentant des éventails pêle-mêle, ornés de paysages, de tortues. d'oiseaux sur des branches ; le revers du couvercle offre deux chimères sur champ sablé.

258 — Boîte à trois compartiments superposés ayant la forme de trois losanges accolés et décroissants de grandeur. Le décor représente des arbres, des plantes fleuries, des paysages et des armoiries en laque, or et argent.

259 — Boîte à châle, de forme rectangulaire à coins arrondis, à décor de fleurs et d'ondes, or et argent sur champ noir.

260 — Deux très beaux Vases, en forme de gourdes à piédouches, corps lenticulaires et cols évasés, d'un riche décor en laque d'or. Chacun de ces vases montre sur une face un dragon et sur l'autre un hong-foang en des médaillons circulaires encadrés de compartiments radiés, chargés d'arabesques, d'imbrications, de mosaïques, etc.

261 — Plateau rectangulaire à angles coupés, en bois dur rouge, divisé en deux par une diagonale, moitié en bois naturel, moitié en beau laque à branchages en relief et doré sur fond noir.

262 — Petit Plateau circulaire en bois naturel, décoré d'une plante aquatique et d'un papillon en laque rouge et or.

263 — Boîte carrée, élevée sur six pieds à décor de plantes et d'armoiries dorées sur fond poudré. Ecoinçons en cuivre gravé et doré.

264 — Vase de forme ovoïde et à plusieurs compartiments à décor de plantes en fleurs, en laque d'or.

265 — Jolie Boîte rectangulaire à couvercle, plateau et deux compartiments superposés, contenant quatre boîtes, en laque d'or, d'argent et de couleurs, d'un ravissant décor à motifs de fleurs, éventails et écrans à main.

266 — Beau Plateau rectangulaire à angles rentrants, en laque d'or et d'argent, à décor représentant des buissons de chrysanthèmes au bord d'un ruisseaux sinueux ; fond doré, uni. Revers aventuriné.

267 — Petit Palanquin à roues et brancards, en laque doré, à décor de grosses fleurs en relief au milieu de touffes de feuillages.

268 — Boîte carrée à écritoire, décorée extérieurement et intérieurement de paysages accidentés avec cours d'eau sinueux bordé d'arbrisseaux en fleurs, laque d'or et doré sur fond pailleté.

269 — Petit Cabinet en forme de cage à croisillons, surmonté d'un plateau mobile et renfermant une boîte hexagonale et deux boites rectangulaires; le décor représente des bouquets de palmiers coupés de traînées de nuages.

270 — Jolie petite Boite longue représentant un instrument de musique à cordes, en laque très fin, enrichi d'incrustations de burgau.

271 — Boite « inro » à quatre compartiments, fond doré uni ; elle montre d'un côté une figurine de pêcheur à la ligne, en relief, avec parties en ivoire et en nacre et de l'autre, une figurine d'homme qui lui lance divers petits objets. Cordelette et netsuké, grappe de fruits en ivoire. Jolie pièce signée.

272 — Jolie Boîte « inro » à six compartiments en laque d'or de couleur. offrant, sur une face, un groupe de deux figures : l'une tenant un balai et l'autre une fourche, exécuté en métal repoussé, or et argent ; l'autre face présente deux gros sapins au bord de la mer. Cordelette en soie et netsuké en ivoire formé d'un fruit et de deux figurines, ronde bosse. Signée.

273 — Jolie Boite « inro » à six compartiments superposés, en laque d'or à relief : paysages, figures et animaux avec parties laquées noir et rouge. Cordelettes en soie et netsuké, dragon, en corne noire. Signée.

274 — Petite Boite à parfums en laque d'or à décor de chrysanthèmes, les unes en laque, les autres en nacre, en ivoire et en corail ; couvercle bombé en métal ajouré.

275 — Petite Boîte quadrilatérale et légèrement renflée, à couvercle plat, laque d'or à reliefs, bouquets de chrysantèmes sur des rochers ; fond doré uni. Intérieur doublé en métal.

276 — Boîte en forme de Baril, à couvercle concave, décor en laque doré et argenté, consistant en pommier, rochers et armoiries.

277 — Boîte circulaire, à décor de bouquets de chrysanthèmes et d'ornements sur fond aventuriné, enrichi çà et là de petits clous d'argent. Elle renferme sept petites boîtes en forme de pomme d'un décor analogue.

278 — Coupe semi-ovoïde à couvercle plat à décor de chrysanthèmes et de fleurons inscrits dans un treillis en dorure sur fond noir.

279 — Boite en forme de rûche surmontée d'un bouton plat; le décor en dorure, rouge vif et couleurs, représente des feuilles variées derrière un treillage.

280 — Petite Boite carrée à trois compartiments et couvercle superposés laque d'or et d'argent à motifs de chrysanthèmes en léger relief sur fond doré uni.

281 — Boite-Cage à tiroir, de forme rectangulaire, à barreaux au milieu du dessus et de la face, laque d'or et d'argent à décor de rochers, d'arbres, de cigognes et d'armoiries sur fond poudré.

282 — Deux Boites en forme de canards, en laque dorée avec parties bronzées.

283 — Petite Table carrée, en laque du Japon, à décor de cigognes sur fond noir aventuriné.

284 — Cantine rectangulaire et à poignée, en laque rouge gravé de dragons, contenant quatre plateaux de même laque et des boites à nombreux compartiments décorées de fleurs, arabesques et d'oiseaux, noir et vermillon. gravés sur fond jaune.

285 — Petit Support en forme de Table, en laque vermillon ciselé de Pékin à décor de dragon, de grecques et de feuillages.

286 — Boite carrée, le pourtour décoré en rouge, le couvercle en dorure sur fond noir.

287-288 — Deux Boites hautes et presque carrées, en deux dimensions, à pourtour en laque vermillon sur canevas, couvercle et fond à décor de fleurs arabesques et aux armes du Sjo-Goun, composées de trois feuilles de mauve, en dorure sur fond aventuriné. Cordelière rouge à glands.

289 — Boite de même forme et d'un décor analogue, les bords sertis de métal argenté, cordelière rouge. L'intérieur du couvercle offre en laque d'or : une tortue, deux cigognes et un palmier.

290-294 — Quatre Boites rondes et six Boites carrées, de même décor et garnies de métal argenté.

295 — Boite carrée de même décor.

296 — Boite rectangulaire.

297-298 — Quatre Peignes, une Brosse et quatre Couteaux.

299-302 — Quatre Coffrets rectangulaires à décor de fleurs arabesques, en dorure sur fond aventuriné; ils sont aux armes du Sjo-Goun. Cordelière rouge à glands.

303 — Belle Pagode fermant à double portes en laque; l'intérieur entièrement doré, représente un Temple à colonnes formées de dragons et munies de petites lanternes de bronze.

304 — Etui plat en bois dur à décor de cigognes et de plantes fleuries en laque d'or avec incrustations de nacre et de pierres de couleurs.

305 — Quinze grandes Pièces en laque, fond noir avec décor de fleurs arabesques en dorure, écrins avec miroirs métalliques, Cabinet, Jarres. Coffrets, grosse Théière, Bol couvert, etc.

306-310 — Dix Coupes en laque à décor de figures en or, sur fond rouge.

311 — Echiquier chinois en laque noir et doré, avec les pièces en ivoire, blanc et rouge.

312 — Plateau en laque figurant un éventail.

313 — Deux Masques grimaçants en bois laqué, les yeux en verre, la barbe et la chevelure en crin.

314 — Boîte en forme d'éventail, laque doré à décor en relief, d'oiseaux sur une branche.

315 — Deux Boites rectangulaires de laque noir offrant sur les couvercles des éventails et des vues de paysages en de petits médaillons laqués en or.

316 325 — Collection de très petits Objets en laque à décor de fleurs arabesques en dorure sur fond noir; Services à thé de poupées, petits Palanquins, Coffrets, Cabinets, Boîtes à châles, Miroirs, Porte-Sabres, Coupes, Braseros, Jeux de table, Porte-Robes, etc.

IVOIRES

Suite remarquable de seize Groupes ou Figurines très finement sculptés, en ivoire jauni et teint, de différentes nuances, enrichis d'incrustations de nacre, de corail et placés sur leurs socles en bois de fer. Ces sculptures sont signées.

326 — Groupe de deux Figurines : Enfant agenouillé et Personnage debout portant une corbeille.

327 — Figurine en ivoire : Personnage debout, un bâton à la main, jetant quelque chose dans un vase, posé sur un tronc d'arbre ; à côté, une statuette de Divinité en nacre, élevée sur un rocher.

328 — Groupe, ronde bosse : Mendiant assis et mangeant ; il porte un enfant suspendu derrière son dos par des sangles. Devant lui, un enfant debout a sur l'épaule un bâton aux extrémités duquel sont pendus des paquets.

329 — Figurine en ivoire : Le Charmeur d'oiseaux.

330 — Figurine en ivoire : Personnage drapé dans un manteau et portant sur les bras une sorte de tablette ; à côté, un vase en métal est posé sur un tabouret en ivoire.

331 — Groupe de cinq Figurines : Personnage armé d'une hallebarde, trois Enfants et un Diable.

332 — Groupe : Divinité et trois Diables lui présentant des crapauds, des limaces et des serpents.

333 — Figurine : Personnage assis devant une table et tenant un livre.

334 — Groupe en ivoire : Enfant se rendant à l'école portant sur l'épaule trois rouleaux suspendus à une baguette et Instituteur armé d'un martinet.

335 — Statuette de Divinité, drapée, le sceptre en main, assise, les jambes croisées à l'orientale, sur un fauteuil.

336 — Groupe : Mendiante ayant un singe sur le dos et présentant une soupière à un enfant qui tend les mains.

337 — Groupe : Personnage assis par terre les bras en l'air, la tête jetée en arrière, la bouche grande ouverte; Enfant accroupi sur un cabinet à tiroirs.

338 — Figurine d'artiste assis par terre, portant des bésicles et en train de peindre un kakémono.

339 — Figurine : Le Dompteur.

340 — Groupe : Femme assise tenant un rouleau de papier et Enfant plaçant des fleurs dans une jardinière.

341 — Divinité assise sur un rocher contre lequel rampe un dragon.

342 — Figurine d'Enfant, la tête et les mains en ivoire, le costume en laque d'or à ornements en reliefs.

343 — Groupe en ivoire, composé d'un Singe et de deux Crapauds.

344 — Étui à pipe en ivoire décoré d'une figure de femme tenant une corbeille, sculptée en bas-relief.

OBJETS D'ART VARIÉS

DE L'ORIENT

345 — Vase de forme élancée et à corps aplati, avec deux anses et couvercle à bouton, en jade gris bleuté à décor de godrons dessinés par des listels. Il est monté sur un pied finement sculpté et fouillé à jour, en bois noir et ivoire vert.

346 — Petit Écran à plaque rectangulaire de jade gris bleuâtre, gravée de paysages sur les deux faces. Monture en bois de fer sculpté et découpé à jour. Travail chinois.

347 — Agate laiteuse nuancée de rouge, petit pitong entouré de branchages pris dans le bloc.

348 — Grande Plaque ovale en or, monnaie japonaise à rosaces frappées et inscriptions peintes en noir.

349 — Autre Monnaie, de forme circulaire, à caractères et ornements frappés.

350 — Une autre Monnaie oblongue.

351 — Étui à Cigarettes en or, décoré à l'intérieur et à l'extérieur d'inscriptions en relief en des compartiments encadrés d'un perlé. Travail japonais.

352 — Théière japonaise sphérique en argent, à couvercle plat figuré par une feuille et à anse surélevée, engagée dans des branches.

353 — Théière japonaise en argent, à couvercle plat, anse surélevée, goulot en tête de chimère. Décor de cigognes et d'arbres gravés.

354 — Dix Cendriers oblongs à bords lobés avec extrémités ajourées.

355 — Petit Vase ou Porte-Pinceaux à cinq lobes, en argent ciselé et ajouré, à décor de touffes de plantes.

356 — Autre Vase de même forme, à rosaces et caractères japonais repercés à jour.

357 — Deux beaux Vases, forme potiches élancées avec couvercles bombés, en fer, très richement damasquinés d'or et d'argent. Le décor partie en bas-relief et partie à surface plane, représente des enfants grimpant sur des barrières, montant à des échelles et pénétrant à travers les déchirures d'une tenture dans un intérieur somptueux. Ces deux vases, d'une incomparable perfection de damasquine sont signés.

358 — Boîte plate et à pourtour contourné, en céramique du Japon, à décor de figures dans les montagnes, en émaux de couleur et dorure. Signée.

359 — Grand et ancien Bronze : Chien de Fô, la gueule béante, une griffe posée sur la boule ajourée, enlacée d'une cordelière.

360 — Deux très grands Flambeaux en bronze noir, à tiges en forme de balustre, surmontées d'un double plateau et élevées sur trépieds figurés par des chimères.

361 — Coq à longue queue hérissée, en bronze du Japon.

362 — Jardinière ronde à bord plat, en émail cloisonné de la Chine, à décor de fleurs arabesques en émaux de couleurs sur fond turquoise. Socle en bois.

363 — Vase cylindrique entouré du dragon en ronde bosse. Bronze japonais.

364 — Jardinière en émail cloisonné du Japon, à riche décor d'oiseaux de toutes sortes en des médaillons fond bleu.

365 — Grand Flambleau de mosquée en cuivre gravé et ajouré de la Perse, à décor de figures et d'arabesques. Une Lampe en bronze, de même style, s'adapte sur ce flambeau.

366 — Coupe sur pied triangulaire et décorée d'un dragon en relief. Bronze japonais.

367 — Vase surbaîssé, à têtes de clous et inscriptions en relief. Bronze oriental.

368 — Deux Théières, l'une sphérique à caractères chinois en relief, l'autre en cuivre rouge à inscriptions en lettres d'or.

369 — Vase de verre aventuriné enveloppé d'une treille et monté sur un trépied en bronze chinois.

370 — Deux Bouteilles à cols allongés en métal noirci incrusté de rosaces et d'ornements en argent. Travail indien.

371 — Deux Clochettes chinoises en bronze.

372 — Deux petites Pièces en bronze gravé de fleurs, coupe couverte et pot à bec, couvercle et anse.

373 — Deux Flambeaux en cuivre gravé, forme persane.

374 — Grand Plateau rond en cuivre gravé de la Perse, couvert d'arabesques et de bandes à inscriptions et son support en bois tourné à six pieds se repliant.

375 — Paire de longs Ciseaux en fer damasquiné d'or. Travail persan.

376 — Deux Marques pour le jeu de dominos en ivoire, incrusté d'insectes et de branches de fleurs en nacre et pierres de couleurs. Travail japonais.

377 — Instrument japonais à cordes, sorte de guzla à long manche en bois dur, ainsi que la caisse tendue dessus et dessous de parchemin.

378 — Grand Plateau ovale en bois dur très délicatement décoré en incrustations de nacre, de figures, de kiosques, de papillons et de motifs de fleurs. Travail annamite.

379 — Coffret à angles coupés en bois dur décoré de fines incrustations de nacre, fleurs, papillons et grecques. Travail du Tonkin.

380 — Porte-Livre arabe en mosaïque de nacre.

381 — Petite Boîte carrée à angles cintrés et rentrants en bois de fer gravé à décor de grecques et de bâtons rompus ; elle est à trois compartiments superposés.

382 — Collection de petits Masques grimaçants en bois sculpté et peint au naturel.

383 — Coffret en marqueterie d'ivoire et d'étain de Bombay.

384 — Trois pièces : deux Ecritoires japonaises en bois de palmier et une écritoire en Camagon.

385 — Petit Polyptyque à six feuilles doubles, décorées en bas-relief de Cavaliers à la chasse en applications de pierre de lard, teintées de toutes couleurs.

386 — Eventail japonais tout en ivoire, décoré de figurines d'enfants, têtes et mains en ivoire bas-relief, costume en laques dorés et de couleurs.

387 — Eventail japonais, monture en ivoire à décor de fleurs laquées et incrustées de nacre et feuille représentant sept petits sujets, paysages, figures, fleurs, en des médaillons sur fond doré.

388 — Très grand Éventail à branches laquées noir et or et feuille peinte à décor d'oiseaux et de fleurs sur fond rouge.

389 — Grands Eventails japonais. (Seront divisés sous ce numéro).

390 — Deux très grands Parasols décorés de fleurs peintes.

391 — Eventail chinois à monture de nacre finement gravée et feuille peinte à nombreux personnages dont les têtes sont en ivoire rapporté.

392 — Eventail, monture en ivoire sculpté, travail chinois, avec feuille en soie peinte à décor de fleurs.

393 — Album de photographies coloriées: Types de marchands, d'artisans et d'ouvriers de Yokohama. Couverture de laque noir avec oiseaux en dorure. Ecrin en papier cuir gaufré et doré.

394 — Album de photographies coloriées : Vues de villes japonaises, couverture en laque; oiseaux et plantes dorés sur fond noir.

395 — Album de photographies coloriées : Vues de Kioto, couverture palissandre et laque.

396 — Album de photographies coloriées: Types de Japonais, couverture en étoffe brochée du Japon.

397 à 399 — Trois Albums analogues aux précédents.

400 — Boîte remplie de Menus Japonais, petites peintures très fines à l'aquarelle : figures, fleurs, paysages.

401 — Jouets: Pousse-Pousse, Figurines: Têtes et Mains en ivoire, Costumes en étoffe.

402 — Poupée japonaise, habillée.

403 — Trois Perruques de femmes japonaises avec peignes, épingles et ornements de coiffure.

404 — Cinq Perruques de poupées japonaises.

405 — Ombrelle Japonaise à couverture de soie claire peinte de nombreuses figures de femmes et d'enfants dans un paysage par un temps de neige.

406 — Eventails et Ecrans à main.

407-408 — Très petits Objets de vitrine en argent gravé : Etagères, Brûle-Parfums, Théière, Boites, etc.

KAKÉMONOS

Suite de seize grands Kakémonos, 409 à 423 bis.

409 — Grand Kakémono : Peinture sur soie, deux peintres et divers personnages autour d'une divinité assise sur un trône.

410 — Grand Kakémono : Quinze figures autour d'un bûcher, dans une grotte.

411 — Grand Kakémono : Personnages, dans un temple, contemplant une image de divinité boudhique.

412 — Grand Kakémono : Neuf personnages et au-dessus une divinité apparaissant dans la gueule d'un dragon qui rampe à travers les rochers.

413 — Grand Kakémono, peinture sur soie : Personnages priant au pied d'un trône.

414 — Même suite : Personnages sur une terrasse et divinités apparaissant dans les nues.

415 — Même suite : Personnages auprès d'une pagode dont les parois à étagères renferment des coffres.

416 — Même suite : Personnages entourant le dieu de Longévité assis sur un trône.

417 — Grand Kakémono, peint sur soie : Groupe de personnages, et au-dessus, des divinités supportant un rocher que surmonte un autel.

418 — Même suite : Divinité assise sur un trône le sceptre en main, entourée de divers personnages.

419 — Même suite : Divinité émergeant des flots devant une assemblée de personnages groupés sur une terrasse.

420 — Même suite : Personnages écrivant sur des tables.

421 — Même suite : Personnages autour d'un brûle-parfums ; en haut. une divinité dans une pagode.

422 — Même suite : Groupe de personnages examinant un Kakémono.

423 — Même suite : Divinités apparaissant aux mêmes personnages.

423 *bis* — Dernier Kakémono de la série.

424 — Très grand Kakémono, peint sur soie en couleurs et dorure et représentant une infinité de petites figures, de divinités boudhiques en un encadrement composé de nombreuses figures de très petite dimension et bordé de bandes à inscriptions ; il est entouré de belle étoffe de satin bleu, lamé or à rosaces et fleurs.

425 — Deux Kakémonos représentant des Assemblées de guerriers ; chacune des figures est accompagnée d'un cartel portant une inscription.

426 — Deux Kakémonos : Personnages entourant un brûle-parfums. — Artiste délayant de l'encre de Chine en présence de trois personnages.

427 — Autre Kakémono : Groupe de cinq personnages dont un tient une pipe.

428-430 — Trois Kakémonos, représentant chacun douze divinités boudhiques, peintes en or et entourée de nuages blancs s'élevant sur un ciel noir.

431 — Deux Kakémonos : L'un représentant trois personnages, assistant au combat de deux dragons ; l'autre, le dragon apparaissant à une divinité drapée de rouge, assise sur un trône.

432 — Deux Peintures sur soie : Scènes familières. Cadres bambou.

PARAVENTS, ÉTAGÈRES

ET MEUBLES DE L'EXTRÊME-ORIENT

433 — Magnifique Paravent à quatre feuilles en bois de fer, offrant sur chacune d'elles des scènes enfantines en bas-relief, exécutées en incrustations d'ivoire, de burgau, d'écaille et en laques d'or et de couleurs du plus précieux travail. Au-dessous, des rosaces d'armoirie. Le revers, est décoré de brûle-parfums, de jardinières, de lanternes, d'oiseaux et de papillons en haut-relief, exécutés en laque d'or, ivoires teints, nacre et pierre de lard. Pièce de tout premier ordre, signée sur les deux faces.

434 — Très beau Tableau offrant en bas-relief, peu saillant, un groupe de trois figures autour d'un tonneau, exécuté en incrustations d'ivoire et de bois de plusieurs essences sur un panneau magnifiquement veiné. Encadrement en bois de fer décoré d'ornements sculptés.

435 — Magnifique Paravent composé de deux feuilles en très beau bois de Teck veiné, enrichi de paons, de fleurs et de rochers en incrustations de burgau, d'ivoire vert, de nacre, laquées d'or. Belle monture à encadrement de grecques en relief découpées à jour et laquées noir sur fond d'or. Pièce des plus remarquables.

436 — Beau et grand Paravent à quatre feuilles en bois clair, à belles veines rougeâtres, décorées d'un grand arbre dont les branches traversent trois des panneaux, exécuté en laque verte réhaussée d'or, et de cigognes en bas-relief de nacre incrustée et finement sculptée. Monture laquée noir avec grecques dorées.

437 — Beau Paravent à quatre feuilles de satin noir, d'un charmant et très harmonieux décor en broderie de soies de couleurs, représentant des oiseaux sur des branches d'arbres en fleurs, des perdrix, des pigeons, des vols d'hirondelles.

438 — Autre Paravent à quatre feuilles brodées sur satin noir, d'un décor analogue à celui du précédent.

439 — Petit Paravent japonais à deux feuilles peintes à l'encre de Chine, sur papier, figures, chauve-souris, poissons, paysages. Signé. Entourage pailleté d'or.

440 — Paravent à six feuilles en papier décoré à l'encre de Chine, de figures de divinités, d'écureuils, de plantes très librement dessinées. Entourage pailleté d'or.

441 — Grand Paravent japonais à six feuilles décorées de fleurs et d'oiseaux peints sur fond d'or.

442 — Un autre Paravent pareil.

443 — Paravent japonais à quatre feuilles de soie peintes à l'encre de Chine, d'oiseaux, de plantes et d'arbustes fleuris. Monture en bois de fer, garnie d'écoinçons de cuivre gravé et argenté.

444-445 — Deux Paravents japonais.

446 — Beau petit Paravent composé de trente quatre feuilles. Il représente un cortège de personnages somptueusement vêtus, rapportés en relief sur fond d'or, les carnations sont en soie peinte et les costumes faits de véritables étoffes.

447 — Petit Paravent à deux feuilles, peintes à la gouache avec rehauts d'or. Le décor représente un fouillis d'écrans à mains à motifs de fleurs, d'oiseaux, de crabes, de figures, etc. Le revers à l'encre de Chine, représente des arbres et des plantes.

448 — Petit Ecran, en bois de fer finement sculpté, la feuille percée d'une ouverture en forme d'Eventail.

449 — Ecran en laque noir avec feuille en soie peinte à l'encre de Chine, représentant des plantes aquatiques.

450 — Meuble-Cabinet, en bois dur, décoré de fines incrustations de nacre : figures, paysages, habitations, fleurs, papillons. Travail du Tonkin.

451 — Etagère japonaise, en laque à décor d'oiseaux et d'arbustes en relief. sur fond poudré.

452 — Beau Cabinet de Ning-Pô, en bois dur, décoré d'incrustations d'ivoire représentant des figurines, des kiosques, des bouquets d'arbres, il ouvre à deux portes complètement sculptées et fouillées à jour, et placées au-dessus de tiroirs disposés sur deux rangs. Ce meuble repose sur un soubassement de même travail, à trois portes.

453 — Grande Etagère, style Chinois, dans une vitrine de milieu, à cage, élevée sur quatre pieds contournés ; palissandre incrusté de filets de cuivre.

454 — Etagère japonaise, en bois de fer à tiroirs décorés de boutons et de plaquettes en ivoire.

455 — Etagère à toiture relevée aux extrémités en laque, à décor de fleurs arabesques en dorure sur fond noir. Ecoinçons et charnières en métal gravé et argenté.

456 — Etagère à nombreuses tablettes, à décor de fleurs arabesques en dorure sur champ noir.

457 — Autre Etagère analogue, mais plus petite.

458 — Etagère à quatre tablettes, décor en dorure sur fond de laque noire.

459 — Etagère à décor en dorure de fleurs arabesques sur fond aventuriné.

460 — Coffre turc, décoré d'incrustations de nacre sur écaille et garni de ferrures repercées à jour ; l'intérieur est orné de treillis en marqueterie de bois.

461 — Petite Table orientale, de forme octogonale, le dessus en mosaïque de bois et de nacre, le pourtour à petits balustres, moucharabis.

462 — Table chinoise en bois dur sur quatre pieds obliques reliés par des étagères.

463 — Jeu de six Tables carrées, à fond de bois naturel et décor de fleurs et d'oiseaux en laque doré avec mélange d'incrustations de nacre.

464 — Cantine rectangulaire avec anse surélevée en bois dur, offrant sur les deux faces des paysages sculptés en bas-relief.

465 — Support carré en bois dur à rinceaux, sculptés en relief et bande de grecques ajourées, dessus en pierre de lard. Travail chinois.

466 — Entre-Deux, en bois dur à porte-pleine, décoré d'incrustations de nacre gravée. Arbustes fleuris, oiseaux et papillons, dessus en marbre vert de mer.

467 — Grande Etagère-Cabinet, en bois dur, à portes et tiroirs décorés de fleurs en incrustations de nacre et d'ivoire teint, très finement sculptés, les casiers sont bordés de galeries de grecques et de rinceaux découpés à jour. Soubassement chargé de chrysanthèmes, en bois sculpté.

468 — Porte-Cannes, formé d'un vase cylindrique, en porcelaine du Japon, décoré en bleu ; dans une monture de bambou, drapée d'étoffes orientales.

469 — Etagère sur trépied bambou à trois plateaux, en bois dur laqué et incrusté.

470 — Autre Etagère analogue, à plusieurs plateaux.

471 — Porte-Bouquets, composé de bambous en faisceau.

472 — Petit Meuble-Cabinet, en bois de camphrier à portes ajourées.

473 — Petit Cabinet en bois de camphrier.

OBJETS VARIÉS EUROPÉENS

474 — Grands Landiers Renaissance en fer gravé, avec boules d'amortissement en cuivre.

475 — Fontaine ancienne, en cuivre, à couvercle, deux anses et trois robinets.

476 — Deux Pots à lait, hollandais, en cuivre.

477 — Moulin à café à caisse en bois sculpté du XVIIIe siècle.

478 — Brasero carré, en bronze, à figures de cavaliers Louis XIII et pieds cariatides, manche en bois.

479 — Bassinoire et Couvercles de Bassinoires, en cuivre repoussé.

480 — Tambour de basque dont le parchemin est décoré d'une peinture : Espagnol allumant sa cigarette.

481 — Petite Commode de forme Louis XV, en maroquin rouge, gaufré et doré au petit fer.

482 — Garniture de bureau : Encrier, Papeterie, Buvard et Boîte de timbres-poste, en cuir doré au petit fer. Style Louis XIV.

483 — Boîte à jeux, en cuir gaufré et doré, genre Cordoue.

484 — Boîte ronde, en cuir rouge doré au fer, et ornée sur le couvercle d'une gravure en couleurs: Paysage et architecture dans la manière de *Pernet*.

485 — Cinq Poupées hollandaises, habillées.

486 — Coiffures de femme, en métal doré, avec garniture de dentelle. Hollande.

487 — Deux Sucriers avec Couvercles et Plateaux en verre de Bohême à décor de rinceaux intaillés et dorés.

488 — Quantité de Coffrets, Buvards, Papeteries, Cadres pour photographies, en cuir, en soieries, en velours, etc.

489 — Vases, Porte-Bouquets, Flacons, etc., en verre émaillé.

490 — Plusieurs petites Pièces en cristal et en verre, Panier, Vases, Flacons, etc.

ARGENTERIE

491 — Beau Service à thé en argent, de style Louis XV, à godrons obliques en relief. Il se compose de : une grosse Bouilloire, son pied et son réchaud aussi en argent; une Théière, une Cafetière, un Sucrier, un Bol et un Pot à crème. Plus, un très grand Plateau en doublé, à bords contournés, décoré d'ornements gravés.

492 — Beau Service de table à filets et ornementation de style Louis XVI, tigettes, acanthes et médaillons chiffrés bordés, d'un tore de laurier. Il comprend : Vingt-quatre Cuillers, soixante Fourchettes, soixante Couteaux, douze Fourchettes à huîtres, deux Louches, une Truelle à poisson, une Pince à asperges, quatre Cuillers à sauce, quatre Pièces à hors-d'œuvre, deux Services à découper, un Couvert à salade.

493 — Beau Service à entremets, en argent, de style Louis XVI, à filets, acanthes en relief et médaillons chiffrés. Il se compose de : Vingt-quatre Couverts, vingt-quatre Couteaux lames argent, vingt-quatre Couteaux lames acier, vingt-quatre Cuillers à café, dix-huit Pelles à glace, quatre Cuillers à compote, deux Cuillers à saupoudrer, deux Pinces à sucre, une Truelle à glace.

494 — Écuelle à deux anses, avec Couvercle et Plateau à bords perlés, en argent guilloché. De chez *Odiot*.

495 — Cafetière en argent, piriforme, à canaux en spirale et bordures de rocailles, élevée sur trois pieds et à couvercle surmonté d'une graine. De chez *Boin-Taburet*.

496 — Quatre jolies Salières ovales, en argent fondu, ciselé et repercé à jour, à guirlandes, muffles et griffes de lions, style Louis XVI. Plus quatre petites Pelles à cuillerons en coquilles.

497 — Quarante-huit beaux Couteaux à manches en métal du Japon, à figures et ornements en relief, avec incrustations d'or et d'argent, vingt-quatre à lames d'acier et vingt-quatre à lames en argent. De chez *Touron*.

498 — Neuf Couteaux à manches en métal du Japon, variés de décor, et lames, de chez *Touron* : quatre en vermeil, trois en argent, deux en acier.

499-500 — Douze Porte-Tasses (Zarfs), en filigrane d'argent perlé, de deux modèles.

501 — Canette en cristal à côtes en spirale, avec pied, couvercle et anse à godrons en argent. De chez *Leuchars*.

502 — Petit Huilier de style Louis XV, en argent, à bords contournés et coquilles. Burettes en verre bleu. De chez *Boin-Taburet*.

503 — Deux Porte-Tasses, en argent, modèles à perles. Travail anglais.

504 — Moulin à poivre, en argent, en forme de vase Louis XV.

505 — Sucrier en cristal, chiffré E. M., cercle et anses à perles, en argent. Orfèvrerie anglaise.

506 — Plateau rond en bois avec galerie et récipient central en argent martelé à facettes.

507 — Deux Carafes rondes en cristal de deux dimensions avec anse et couvercle en argent à cordon de petites perles. Orfèvrerie anglaise.

508 — Carafon en cristal à corps lenticulaire, col et anse en argent découpé à jour et partiellement doré. Orfèvrerie anglaise.

509 — Petit Sac anglais, en cuir, avec garniture, chaînette et crochet de suspension en argent.

510 — Deux Carafes à liqueurs en verre rubis avec bouchons et anses en argent. Orfèvrerie anglaise.

511 — Carafe ovoïde en cristal incolore avec col, bouchon et anse en forme de plante aquatique, en argent. De la *maison Leuchars.*

512 — Autre Carafe à corps sphérique, col enveloppé de roseaux en argent, couvercle et anse argent. De chez *Leuchars.*

513 — Quatre Salières hémisphériques élevées sur boules en argent. Orfèvrerie anglaise.

514 — Deux petites Tasses en forme de fruits, posés sur une feuille avec anse faite d'une branche.

515 — Petit Moulin en argent.

516 — Huit petits Gobelets à liqueurs en argent martelé à facettes et munis d'anses.

517 — Seau en argent avec chiffre gravé timbré d'une couronne fleuronnée. De chez *Odiot.*

518 — Six Cuillers à café en argent. Orfèvrerie anglaise.

519 — Couvert à salade, ivoire, manches argent.

520 — Douze Cuillers à café, en argent, dorées partiellement. Style Louis XV.

521 — Deux pièces : Timbale guillochée et très petit Gobelet en argent.

522 — Deux Pinces à sucre et quatre Pelles à sel en argent.

523 — Plateau rectangulaire en cristal, chiffré E. M. avec bord à cordon de perles en argent.

524 — Deux Cuillers à eau sucrée à longs manches argent.

525 — Trois Cuillers en argent, cuillerons et bouts dorés avec emblèmes des cantons Suisses.

526 — Miroir de toilette à glace biseautée dans un cadre à moulures en argent, surmonté d'un chiffre.

527 — Pulvérisateur à parfums en forme d'arrosoir, en argent. Orfèvrerie anglaise.

528 — Porte-Cure-Dents en forme de chapeau sur lequel est posée une canne. Argent anglais.

529 — Deux Carafes à anses tordues avec orifice et couvercle en argent gravé. Orfèvrerie anglaise. (Elles sont chiffrées.)

530 — Quatre Chopes cylindriques en cristal à bases cerclées d'argent. Orfèvrerie anglaise.

PLAQUÉ, ARGENTURE

531 — Service à entremets : douze Couteaux et douze Fourchettes à manches de nacre et lames argentées. Travail anglais. (Boîte en bois.)

532 — Nécessaire de Voyage contenant le Service à thé en métal argenté avec deux Tasses en porcelaine. De la *Maison Leuchars*.

533 — Bougeoir argenté, style Louis XIV.

534 — Huilier composé de branchages entrelacés.

535 — Huilier à deux récipients carrés bordés de palmettes et rinceaux ajourés.

536 — Deux Théières, un Pot à crème et un Sucrier de forme sphérique, élevés sur boules. Chiffre E. M.

537 — Ménagère en cuivre argenté, garnie de six Coquetiers en grès émaillé à bord supérieur, cerclé argent. Travail anglais.

538 — Ménagère en cuivre argenté avec deux Burettes, un Moutardier et deux Salières en grès émaillé, garnis en argent. Travail anglais.

539 — Service à découper, manches en corne ; à salade, manches clissés ; Couteaux de table et de dessert à manches d'ivoire.

540 — Couverts de table, Cuillers à café, petites Casseroles, Louche, Cuillers à sucre, Bougeoir, etc., etc. Argenture anglaise.

OBJETS DE VITRINE

541 — Montre de l'époque Louis XV, en or ciselé, à cuvette émaillée en plein et représentant la Toilette de Vénus.

542 — Dix-huit Boutons d'habit et quatre Boutons de gilet, en forme de rosaces pavées de strass, monture argent doré. Époque Louis XVI.

543 — Petit Couteau à manche plaqué d'or.

544 — Flacon à parfum en argent doré, en forme de cor, avec chaînette et crochet de ceinture.

545 — Bracelet chaîne avec médaille de saint Georges en argent.

546 — Bracelet carcan argent doré avec têtes de clous en relief.

547 — Bracelet chaînette à boules, avec coulant niellé portant le nom : Scheveningen.

548 — Petit Groupe en argent : La Vierge et l'Enfant Jésus, sur socle en jaspe.

549 — Deux petits Candélabres à quinze lumières chaque, en argent.

550 — Petit Violon en argent.

551 — Petit Bronze : Négrillon à califourchon sur un crocodile.

552 — Groupe de deux Négrillons, bronze noirci, rehaussé d'or et d'argent. Socle en ivoire.

553 — Petit Bronze : Chien et Singe assis sur un Ane.

554 — Petit Cabriolet en écaille.

555 — Cage avec les Oiseaux, en argent, sur socle en cuivre gravé et doré. Travail japonais.

556 — Écrin renfermant trois grandes Médailles en argent et cinq Médailles de cuivre, à l'effigie de Napoléon III, du Prince Jérôme, frappées en souvenir de l'Exposition de 1855, du Baptême du Prince Impérial, etc.

BRONZES D'AMEUBLEMENT

557 — Deux grands et beaux Candélabres du commencement du XIXe siècle, formés chacun d'une figure de femme drapée à l'antique, les bras surélevés, en bronze patiné vert supportant des branches porte-lumières en forme de cors de chasse, accotés sur une sphère émaillée bleu que surmonte un cygne. Socles cylindriques en bronze vert et bronze doré, flanqués de figurines d'enfants sonnant du cor.

558 — Deux grandes Girandoles, chacune à sept lumières, en bronze argenté de style Louis XV, à rinceaux contournés, rocailles, canaux et feuillages.

559 — Deux Appliques à trois lumières chaque, en bronze, à fleurettes, branchages et ornements de style chinois.

560 — Deux Chenets style Louis XVI, Chien et Chat affrontés, en bronze patiné, assis sur des coussins placés au milieu de socles à crossettes, fleurons et boucles en bronze doré.

561 — Deux Chenets en bronze de style Louis XIV, Homme et Femme présentant leurs mains à la flamme, assis sur des socles feuillagés portés par des pieds à volutes et griffes de lion.

562 — Jolie petite Garniture de cheminée : Pendule à figurine d'amour en bronze patiné jouant du tambourin et deux Candélabres à deux lumières chaque, en forme de branches de roses tenues par des amours en bronze. Socles en marbre griotte avec perles, chaînettes et plinthes de bronze doré.

563 — Deux grands Flambeaux de bronze doré, à contours ondulés, rocailles et traînes de rose. Style Louis XV.

564 — Deux Flambeaux de bronze doré, à rinceaux contournés, feuilles et fleurettes en relief. Style Louis XV.

565 — Deux petits Flambeaux de bronze doré, à tiges feuillagées et bases triangulaires décorées de cygnes.

566 — Flambeau de bouillotte, style Renaissance, à quatre lumières surmontées d'une tige munie d'un abat-jour oblong.

567 — Deux belles Appliques à deux lumières chaque, en bronze ciselé et doré, de style Louis XVI, d'un charmant modèle, à nœuds de rubans, feuilles d'acanthe, pampres et grappes de bourgeons.

568 — Encrier de bureau de style rocaille, en bronze ciselé et doré, surmonté de deux bras porte-bougies avec dans l'entre-deux une tige à écran.

569 — Petite Pendule de voyage en bronze doré, de style rocaille, à rinceaux mouvementés et feuillages.

570 — Pendule anglaise en cuivre gravé, avec cadran en porcelaine décorée, à figure d'amour et attributs champêtres en camaïeu sur fond bleu.

571 — Petite Pendule de voyage, anglaise, en cuivre gravé et doré, dans son écrin.

572 — Deux Lampes en bronze de style chinois, montées sur Vases cylindriques en céramique du Japon, à médaillons lobés, coqs et plantes fleuries en émaux de couleurs et à fond bleu, couvert de papillons et de fleurs en émaux cloisonnés.

573 — Lampe modérateur de Gagneau, en cuivre argenté, cannelée en spirale et gravée de fleurs.

574 — Lampe de Gagneau, en bronze doré de style chinois, montée sur bouteille en faïence émaillée bleu à décor de fleurs arabesques.

575 — Lampe modérateur en bronze, de style chinois, montée sur potiche en poterie du Japon à décor de chrysanthèmes en émaux polychromes.

576 — Lampe Carcel en bronze doré, montée sur une carpe émergeant des flots, en porcelaine blanche de la Chine.

577 — Petite Pendule Louis XVI, à mouvement de montre, à cadran surmonté d'un vase et reposant sur un fût cannelé flanqué de consoles.

578 — Encrier en bronze doré, de style rocaille.

579 — Deux Flambeaux en bronze argenté, de style Renaissance, à bases triangulaires et pieds en forme de dragons.

580 — Grand Candélabre à dix lumières, en cuivre, de style flamand.

581 — Lampe anglaise, à pétrole, sur vase ovoïde, en faïence émaillée, à décor de style oriental.

582 — Deux Bras de mur à une seule lumière chaque, en forme de branches feuillues en bronze garnies de fleurettes en porcelaine blanche. Style Louis XV.

583 — Deux Herses, porte-cierges, à neuf branches chaque, en bronze, de style Louis XIII.

584 — Deux Flambeaux à ornementation, de style Renaissance avec bases circulaires ajourées.

585 — Deux Chenets de style Louis XIII à boules côtelées et pieds à mascarons et dauphins.

586 — Deux Chenets, style Louis XIII, à tige et pomme aplatie, décorées de godrons, sur bases à mascarons et volutes.

587 — Deux Socles en bronze composés de plantes. Reproductions de socles chinois.

588 — Deux grandes Lampes Carcel en bronze doré et ajouré, de style chinois.

589 — Bougeoir à double lumière en bronze. Style Louis XIV.

590 — Deux petits Flambeaux à feuillages et ornements.

591 — Flambeau de bouillotte à deux lumières, en bronze doré, style Louis XVI avec abat-jour en tôle bleuie.

592 — Coffret rectangulaire, à bijoux, en bronze, de style gothique.

MEUBLES ANCIENS

DE STYLE ET DE FANTAISIE

593 — Jolie Commode de forme contournée en marqueterie de bois rose et de palissandre à décor de fleurs, richement garnie de cuivres mouvementés à motifs de rocailles. Dessus en marbre brèche d'Alep. Epoque Louis XV.

594-595 — Deux belles Bibliothèques Régence, à angles arrondis et à trois portes vitrées ; celle du milieu en ressaut, en palissandre, enrichies de cuivres dorés : appliques à mascarons, chutes, entrées, moulures, etc. Trois tiroirs surmontent les portes. Certains cuivres nous paraissent avoir été rapportés.

596 — Grand Bureau en bois noir de l'époque Louis XIV, incrusté de filets de cuivre. Des cuivres de même style, chutes et appliques à mascarons, poignées, ont été rapportés.

597 — Petite Table de nuit de forme Louis XV, en palissandre et bois rose, à pieds contournés garnis de cuivres et à dessus de marbre portor.

598 — Pendule Louis XIV et sa console applique en marqueterie d'étain et d'écaille, garnies de cuivre ; la pendule est surmontée d'une statuette du Temps; au-dessous du cadran, un bas-relief représente les Parques.

599 — Chiffonnier Louis XVI en bois rose et amarante, garni d'entrées et de poignées en cuivre de style rocaille.

600 — Secrétaire-Chiffonnier de forme Louis XV, en palissandre, décoré sur l'abattant d'une armoirie et sur les tiroirs de branches de fleurs en marqueterie de bois clairs.

601 — Chiffonnier style Louis XVI, plaqué d'ébène et décoré de rubans et de filets en incrustations d'ivoire.

602 — Petit Bureau, Bonheur-du-Jour, à cylindre et corps supérieur à étagères et portes à glaces, palissandre et bois rose, enrichi de cuivres. Style Louis XV.

603 — Petite Armoire Louis XIII, à fronton et à deux portes, richement décorée d'incrustations de fleurs en nacre gravée et d'enroulements en cuivre.

604 — Jolie Étagère à trois tablettes et casiers au-dessous, en palissandre et bois rose de style Louis XV, enrichie de chutes, de sabots et de poignées en cuivre ciselé et doré.

605 — Petite Table à ouvrage de forme contournée, bois rose, palissandre et marqueterie à fleurs, garnie de cuivres dorés. Style Louis XV.

606 — Bureau contourné et à dos d'âne, de forme Louis XV, en palissandre et bois rose, enrichi de cuivres rocailles dorés.

607 — Bibliothèque Louis XVI, en acajou à montants cannelés et à deux corps ; le bas, ouvrant à l'aide d'une porte à coulisseau ; le haut, en retrait est à portes vitrées.

608 — Grande Console italienne de forme contournée à volutes, feuillages, mascarons, etc., bois sculpté et doré XVIIIe siècle.

609 — Petite Table carrée à deux tablettes en bois sculpté et doré, style Louis XVI. Les tablettes sont bordées de lambrequins.

610 — Petite Servante rectangulaire en bois doré, style Louis XVI, à deux tablettes foncées de canne, l'une entourée d'une balustrade, l'autre d'une galerie de postes ajourées.

611 — Petit Miroir à cadre, chargé de fleurettes, de rinceaux et de palmettes en bois sculpté et doré avec couronnement d'acanthes et de fleurs.

612 — Glace étroite, en hauteur, dans un cadre du temps de Louis XV à festons de fleurs, rinceaux et rocailles en bois sculpté et doré.

613 — Autre Glace, de même époque, encore plus étroite.

614 — Miroir italien, dans un encadrement à rinceaux feuillagés et figurines d'enfants sculptés en haut-relief.

615 — Miroir dans un encadrement du temps de Louis XV en bois sculpté.

616 — Petites Consoles, appliques en bois doré.

617 — Beau Contador portugais entièrement décoré d'une mosaïque de rosaces en marqueterie de bois mélangé d'inscrustations d'os ; il est garni d'entrées, d'appliques et d'écoinçons en cuivre repercé à jour.

618 — Belle Armoire en noyer, à deux portes, composée chacune de trois compartiments à feuillages et rinceaux sculptés d'une élégante ornementation. Elle est signée *Tournier*, 1757.

619 — Petite Console en noyer sculpté à cordons de perles et rosaces. Style Louis XVI.

620 — Beau Buffet à deux corps, du temps de Louis XV, en bois de chêne, décoré en bas de rocailles et de fleurs sculptées et garni de ferrures; le corps supérieur, à deux portes, présente des figures allégoriques aux Saisons.

621 — Meuble flamand en noyer à moulures de bois noir guilloché ; les deux portes, à bossages et ornements sculptés, sont encadrées de demi-colonnes.

622 — Armoire Louis XV en chêne à une seule porte, décorée de moulures, de feuillages et de rinceaux sculptés.

623 — Table à allonges en noyer sur pieds, tréteaux en bois tourné, reliés par une rangée de balustres.

624 — Petite Table de style Renaissance, à tablette de velours, supportée par six pieds, colonnettes torses.

625 — Petite Armoire d'Enfant, à deux portes et deux tiroirs en marqueterie de bois. Travail hollandais.

626 — Horloge à gaîne en chêne sculpté, décorée d'un bas-relief : La Mort de Bayard, de Scènes villageoises, de maisons et d'ornements variés.

627 — Table en noyer du XVIIIe siècle, à tiroir et pieds cambrés, elle est ornée de rosaces et d'acanthes sculptées en relief.

628 — Très grande Vitrine en bois noirci, à glaces et armature en fer.

629 — Vitrine à cage en cuivre, fond tendu de peluche rouge.

630 — Deux petites Vitrines de suspension, à cage en cuivre.

631 — Console rectangulaire en bois noir, garnie de moulures, postes, lambels et appliques de bronze.

632 — Fût de colonne en bois noir cannelé, garni de tigettes et de guirlandes en bronze.

633 — Table à ouvrage à cinq tablettes cordiformes superposées en marqueterie de bois à fleurs.

634 — Table rectangulaire en noyer.

635 — Table de jeu, carrée, en acajou moucheté, style Louis XVI, le dessus à quatre volets se déployant. De chez *Sormani.*

636 — Table à jeu en acajou, style Louis XVI. De la *Maison Sormani.*

637 — Petite Table à deux tiroirs, revêtue d'anciennes broderies de soies au point dit de majolique et au petit point.

638 — Petite Table à ouvrage en forme de cœur, sur trois pieds contournés, marqueterie de bois à fleurs. Style Louis XV.

639 — Deux Tables triangulaires à pieds contournés, en noyer, avec dessus en étoffe.

640 — Table octogone, en noyer, sur quatre pieds balustres tournés, reliés par un croisillon, dessus en étoffe brodée de bouquets, soies et or.

641 — Pannetière de l'Epoque Louis XVI, à barreaux tournés, et porte sculptée à décor de vases et de fleurs.

642-643 — Deux anciennes Pannetières, transformées en Jardinières.

644 — Table de Nuit carrée en bois de chêne, à coquilles, quadrillés et ornements sculptés de style Louis XIV.

645 — Chaufferette bretonne en bois sculpté.

646 — Coffre à couvercle cintré, revêtu de peluche ornée d'applications de velours et de soies de couleurs avec soutache. Style Louis XIII.

647 — Chevalet à tableau en acajou à moulures et ornements sculptés.

648 — Chevalet bambou noirci, à filets or.

649 — Meuble à deux corps composé de boiseries arabes, moucharabis, et de plaques d'ancienne faïence de Perse.

650 — Servante-Etagère en noyer gravé et à moulures noircies de style arabe; elle est surmontée d'un panneau composé de boules et de balustres, dits moucharabis.

651 — Lit de repos en noyer, avec parties en petits balustres, moucharabis.

652 — Grand Buffet-Etagère en bois de chêne à rosaces et ornements sculptés : le bas à portes et tiroirs : le haut à fond de glace surmonté d'une voussure à palmettes dorées. Fabrication anglaise.

653 — Buffet-Vaisselier en noyer; le bas à deux portes sur la face et volets sur les côtés; le corps supérieur en retrait, à trois tablettes bordées de galeries découpées à jour.

654 — Piano demi-queue, en palissandre, d'*Érard*, n° 54139.

655 — Grande Armoire anglaise en pin d'Amérique verni, le milieu à portes et tiroirs, les côtés à grandes portes garnies de glaces étamées.

656 — Bureau anglais avec corps supérieur à glace entre deux casiers, pin d'Amérique.

657 — Table de nuit, analogue aux meubles qui précèdent.

658 — Grande Toilette anglaise en pin d'Amérique verni à dessus de marbre surmonté d'un panneau à étagères, décoré de carreaux en faïence.

659 — Bureau, modèle bambou, en bois laqué noir et rehaussé de filets or.

660 — Guéridon en noyer à moulures noircies, dessus en basane dorée au fer.

661 — Bureau anglais en bois d'acajou à décor de grecques et d'ornements en relief. Corps supérieur à deux portes reliées par une tablette à galerie; poignées de tiroirs en cuivre.

662 — Chiffonnier anglais en bois d'acajou à sept tiroirs superposés entre deux montants cannelés.

663 — Bibliothèque tournante ou liseuse, anglaise.

664 — Boîte à lettre anglaise en forme de guérite, en chêne.

665 — Table carrée en acajou à quatre pieds reliés par une tablette circulaire.

666 — Petite Table-Étagère en bois d'olivier.

667 — Table-Étagère composée de trois tablettes en forme de croissants supportés par des pieds à colonnettes; décor en laque dans le goût japonais.

668 — Table à thé à deux Tablettes réniformes à décor pseudo-chinois de fleurs et de plantes en marqueterie de bois.

PARAVENTS

669 — Charmant petit Paravent à trois feuilles en bois sculpté, doré et peint blanc, à décor de couronnes, de guirlandes, de rubans et d'ornements Louis XVI, avec, au-dessus de chaque feuille des dauphins adossés. Les feuilles sont garnies de glaces étamées. Revers en soie brochée du Japon.

670 — Grand Paravent à trois feuilles; monture en noyer avec charnières à double brisure. Les feuilles sont en tapisserie au point, historiées d'animaux, d'oiseaux, de palmiers et d'arbres exotiques en laines de couleurs, sur fond de soie blanche.

671 — Beau Paravent à quatre feuilles, tendues d'un côté de soie rose à quadrillés et fleurettes et de l'autre de soie crème richement décorée de festons de fleurs en broderies de soies multicolores.

672 — Petit Paravent à monture de palissandre avec deux pentes de satin dont les extrémités sont en mousseline décorée de broderies de soie et d'argent.

673 — Paravent à cinq feuilles en tapisserie au point : fleurs et plantes en laines de couleurs sur fond de soie blanche.

674 — Petit Paravent à quatre feuilles, en bois dur, garnies de glaces.

675 — Paravent triptyque, le milieu tendu d'une très belle soie blanche damassée enrichie de fleurs et d'ornements en broderies de soie et d'or du XVIIe siècle; les volets garnis de peluche verte et de dentelle or et argent, au-dessous de glaces. Revers en peluche pourpre.

676 — Petit Paravent à quatre feuilles en tapisserie au point à décor pseudo-chinois de figures, oiseaux et paysages en laines bleues sur fond de soie blanche; le revers est tendu d'étoffe brochée du Japon.

677 — Écran de cheminée, revêtu de peluche avec jolie feuille en broderie de soies multicolores relevée d'argent.

SIÈGES EN BOIS DORÉ

678 — Petit Canapé, marquise, à dossier, oreilles, pieds cambrés, en bois sculpté à moulures et feuilles; il est foncé de canne. Le tout doré. Style Louis XV.

679 — Siège à dossier en S et à deux places accotées et inversées, dit Confident, en bois sculpté et doré, d'une riche ornementation à motifs de rocailles, de branches de fleurs, d'acanthes et de rinceaux contournés; il est garni de canne dorée. Style Louis XV.

680 — Fauteuil de bureau de style Louis XV, et de forme gracieuse, foncé de canne, le tout doré.

681 — Chaise longue de forme Louis XV, à fleurettes sculptées et baguettes dorées, recouverte de soie rouge feu côtelée à bouquets brochés en couleurs.

682 — Bergère en bois doré à dossier arrondi, couronné d'un nœud de rubans, style Louis XVI, recouverte de lampas du temps de Louis XV à bouquets brochés en couleurs sur champ rose.

683 — Petit Canapé à dossier bas, moins haut que les accoudoirs, de forme Louis XV, en bois doré, recouvert de soie crème, Louis XV à fleurs et bandes ondulées, brochées en couleurs.

684 — Chaise longue en bois sculpté et doré, de forme Louis XV à fleurettes, rocailles et moulures contournées; elle est foncée de canne dorée.

685 — Deux Banquettes d'encoignure à pieds cambrés, en bois sculpté et doré, de style Louis XV à motifs de fleurs et de feuillages; elles sont recouvertes d'ancien lampas à fleurs brochées en couleurs sur fond blanc damassé.

686 — Petit Canapé de forme Louis XV en bois doré, à dossier surmonté de fleurs; il est recouvert de soie Louis XV à festons de fleurs et rubans ondulés, brochés en couleurs et relevés de fils métalliques, sur fond blanc.

687 — Grande Bergère de forme Louis XV en bois peint vert et doré, recouverte d'ancien damas tissé argent.

688 — Grande Bergère de style Louis XV, en bois doré, recouverte d'ancienne soie jaune brochée à fleurs.

689 — Petit Canapé Louis XVI en bois sculpté et doré à décor de boucles fleuronnées, d'acanthes, de branches de laurier, etc.; il est garni de soie à raies alternées vertes et roses avec bouquets brochés en couleurs.

690 — Lit de repos à bouts renversés, de forme gracieuse, à volutes et festons de fleurs en relief, en bois sculpté et doré, style Louis XV; il est couvert de satin orange à fleurs brochées.

691 — Bergère de style Louis XV, de forme contournée en bois doré à baguettes en faisceau liées par des rubans, elle est garnie d'ancienne soie à tiges de fleurs brochées en couleurs sur fond crème damassé.

692 — Fauteuil large, de style de Louis XV, en bois doré, recouvert de soie à festons et raies ondulés brochées en couleurs.

693 — Bergère, de style Régence, à grandes oreilles, en bois doré à rocailles et fleurs en relief, elle est garnie de lampas Louis XV, à festons et bouquets brochés en couleurs et lamés argent sur champ bleu.

694 — Fauteuil de bureau Louis XV, tournant sur pivot, en bois doré, couvert en soie imprimée.

695 — Bergère du temps de Louis XVI, en noyer sculpté, à feuilles d'eau et godrons, rehaussés d'or; pieds et montants en forme de colonnettes cannelées; elle est recouverte de velours du temps, décoré de très belles broderies de soies au passé.

696 — Grande Bergère de forme Louis XV, en bois doré, recouverte d'ancienne soie à raies ondulées et festons brochés, en couleurs sur fond vieux rose.

697 — Petit Fauteuil, en bois doré, de style Louis XVI, pieds et montants en forme de colonnettes cannelées; accoudoirs portant sur des balustres; il est couvert de velours côtelé et tigré du temps de Louis XVI.

698 — Cinq Chaises légères, bois doré, dossiers en joncs entrelacés; elles sont couvertes en velours et en tapisserie au point.

699 — Chaise, forme dite Voyeuse, en bois sculpté et doré, de style Louis XVI, garnie de canne dorée.

700 — Fumeuse en bois doré, de style Louis XV, couverte en velours rayé vert et or.

701 — Tabouret de forme contournée, en bois doré, à fleurettes et rinceaux feuillus, recouvert de beau brocart Louis XV, à bouquets.

702 — Petit Tabouret carré à pieds cannelés, bois doré, avec coussin de velours épinglé à deux tons sur fond crème.

SIÈGES TOUT EN ÉTOFFE

703 — Causeuse à deux places inversées, recouverte en satin de Chine bleu turquoise, décorée de broderies de couleurs. Scènes enfantines, arbustes et fleurs.

704 — Canapé confortable à dossier carré, couvert en satin de Chine turquoise, traversé de bandes en broderie de soies au point de Hongrie.

705 — Petit Fauteuil, en velours frappé grenat, ton sur ton, à fleurettes inscrites dans un treillis.

706 — Fauteuil en peluche mordorée et garni en beau brocart Louis XV, à fleurs brochées en couleurs, avec rehauts d'or et d'argent; franges en soies.

707 — Fauteuil confortable tendu de peluche grenat et garni de passementeries et de franges.

708 — Confident, en satin capitonné, à festons, blanc sur champ jaune d'or.

709 — Fauteuil à dossier carré, entièrement tendu de velours à raies et festons, en deux couleurs sur fond blanc, tissé argent.

SIÈGES ANCIENS ET DE FANTAISIE

710 — Deux Fauteuils de l'époque Louis XVI, à dossiers carrés et sièges en forme d'éventails, bois sculpté, peint blanc et doré à mascarons, guirlandes, rubans et cordons de perles; ils sont foncés de canne.

711 — Deux petits Canapés, en noyer sculpté, à décor de fleurs, de rinceaux et de rocailles, style Régence. Ils sont foncés de canne.

712 — Quatre Fauteuils et quatre Chaises Louis XV, en noyer sculpté, foncés de canne; ces sièges peuvent accompagner les deux petits canapés qui précèdent. Coussins en soie bleue, brochés à fleurs en couleurs.

713 — Fauteuil de bureau, en bois de noyer, à dossier arrondi, orné de boucles et à accoudoirs figurés par des têtes de satyres en ronde bosse. Siège en peau avec entourage en velours.

714 — Six Chaises de style Louis XIV en noyer tourné; dossier à double rangée de balustres; les sièges en pailles de couleurs.

715 — Fauteuil de coin en bois tourné, foncé de paille, avec coussin en ancienne soie.

716 — Petit Fauteuil Louis XVI en noyer, à dossier ovale et couvert de soie, à bouquets et lyres brochés blanc sur fond bleu.

717 — Chaise en chêne à dossier tendu de galons d'or entrecroisés et coussin en velours rouge brodé.

718 — Grand Fauteuil en chêne sculpté, de style Renaissance, orné au dossier d'un beau panneau, armoirie entre deux chimères affrontées. Siège en broderie de soie à palmettes en couleurs sur fond jaune.

719 — Grand Fauteuil Louis XIII, siège et dossier en cuir, clous rosaces en cuivre.

720 — Deux Fauteuils confortables, en peluche, l'un bleu, l'autre vert et garnis de passementerie.

721 — Petite Bergère de forme Louis XV, en noyer, recouverte de velours jaune frappé.

722 — Deux Fauteuils style Louis XVI, en noyer, dossiers à lyres, sièges garnis en pailles de couleurs.

723 — Deux Fauteuils Louis XVI, en noyer, dossiers à médaillons, recouverts en Perse imprimée fond noir et fond bleu.

724 — Deux grandes Chaises portugaises recouvertes de gros cuir gaufré et cloutées de cuivre.

725 — Petite Chaise drap bleu enrichi de bandes de cachemire de l'Inde et de dessins en broderie.

726 — Grand Fauteuil Louis XIII, en noyer, siège et dossier en cuir, clous rosaces en cuivre.

727 — Chaise ancienne en chêne, à dossier tendu de cordelières dorées.

728 — Deux Chaises en noyer, à grand dossier formé d'un rang de colonnettes; sièges couverts en ancienne tapisserie.

729 — Deux Chaises à dossiers renversés, garnis d'un treillage et à pieds carrés et cannelés, peintes blanc avec sièges en velours épinglé.

730 — Deux petites Chaises basses, laquées noir et à filets or, avec sièges couverts en tapisserie au point, à figures et ramages sur fond noir.

731 — Deux Chaises style oriental, en bois laqué noir, peint et doré, recouvertes de draps richement brodés d'or et d'argent. Travail turc.

732 — Petit Tabouret à accoudoir, en noyer, à moulures noircies, avec parties décorées de moucharabis.

733 — Petit Tabouret oriental à pourtour orné de moucharabis et siège couvert en tapisserie.

734 — Tabouret carré, oriental, à pourtour formé de petits balustres, moucharabis, rehaussé de dorure et couvert en tapisserie.

735 — Grande Banquette à dossier en bois sculpté et peint, de style Louis XIII.

736 — Deux Escabeaux de style oriental, décorés d'incrustations de nacre et d'ivoire, dossiers garnis en étoffe et surmontés d'une tringle en cuivre gravé; les sièges en bois dur à ornements gravés et noircis.

737 — Deux Chaises bambou, couvertes en pailles de couleurs.

738 — Fauteuil d'encoignure, bambou et pailles de couleurs.

739 — Petit Fauteuil à boules, siège en velours avec tapis en broderie.

740 — Douze Chaises de salle à manger, en noyer sculpté, à pieds balustres, style Louis XIII, couvertes en cuir.

741 — Billard de *Poulain*, en bois noir ciré, style Louis XIII, avec billes, porte-queues, panier à poule. — L. 2m80.

COUSSINS

742 — Grand Coussin en satin rouge feu avec broderies de soies multicolores à dessin Louis XV : bergère, fleurs, paysage.

743 — Coussin en satin de Chine bleu de ciel, décoré de figures en broderies de soies et de fils dorés.

744 — Coussin de satin, habillé de fine toile, composé de carrés brodés au point coupé et de carrés en filet brodé au point de reprise. XVIe siècle.

745 — Coussin recouvert en satin bleu de Chine, orné de deux éventails à figures, en broderies d'or et de soies.

746 — Coussin recouvert en broderie Louis XIII, à fleurs et oiseaux sur fond jaune.

747 — Coussin long de satin ponceau à semis de fleurettes et festons en bordure en fine broderie de soies multicololores au passé.

748 — Coussin garni d'étoffe brochée du Japon, fond bleu.

749 — Coussin demi-lune de satin ponceau, recouvert de guipure de Venise et bordé d'un bouillonné de satin vert et de satin rouge.

750 — Coussin revêtu d'une housse en toile blanche et toile rouge brodée au point de croix avec entre-deux en guipure.

751 — Petit Coussin, broderie et applications sur satin crème, dessin Renaissance, entourage en dentelle d'argent.

752 — Coussin à broderie en chenille, fleurs et entrelacs sur fond rose, entourage en dentelle métallique.

753 — Coussin en broderie et application de velours de couleurs sur satin rose.

754 — Coussin, satin bleu, revêtu de toile brodée aux fils tirés et entouré d'une bordure de guipure.

755 à 763 — Vingt beaux Coussins recouverts en soie, brochés et brodés, lampas et brocarts du XVIIIe siècle, velours de couleurs, broderies, dentelles.

BRODERIES, SOIERIES

ET ÉTOFFES EUROPÉENNES

764 — Bandeau et deux Montants de belle broderie Renaissance, soies de couleurs, or et argent, à rinceaux, couronnes, palmes et têtes de chérubins.

765 — Deux Tableaux exécutés en broderie de soies de couleurs et représentant les Travaux champêtres, d'après le BASSAN.

766 — Grand et très beau Couvre-Lit italien en filet brodé au point de toilé, composé de carrés représentant des animaux et des chimères et entourés d'entre-deux de guipure. Il est doublé de satin brun et bordé au bas d'une dent de guipure. XVIe siècle.

767 — Portière à décor de vases de fleurs, de bouquets jetés, de festons en bordure, et d'armoirie en broderies de soies de couleurs et applications sur serge noire. Il est encadré d'une bande à guirlandes de feuilles sur fond blanc en tapisserie au petit point. Epoque Louis XIII.

768 — Tapis carré en ancienne soie, rose à festons de fleurs brodés.

769 — Grand Couvre-Lit en satin crème couvert de fleurs arabesques et de petits oiseaux en broderies de soies avec au centre un cœur percé d'un poignard. XVIIe siècle.

770 — Couvre-Lit en toile brodée en soies, au milieu un oiseau dans un médaillon circulaire ; autour des rosaces inscrites dans un treillis ; bordure d'arabesques.

771 — Couvre-Lit portugais en toile brodée, au point de chainette, d'animaux de toutes sortes, d'aigles héraldiques, etc.

772 — Deux pièces : Robe de lampas Louis XV à fleurs, en couleurs sur fond lilas et un Lambrequin de même soie.

773 — Bandeau de satin crème à festons en broderie de soies de couleurs avec parties lamées argent. Époque Louis XVI.

774 — Deux grandes Portières en broderie de soie, à flammes, dite point de Hongrie.

775 — Tapis de piano à queue en soie bleue brochée avec lamés d'or.

776 — Deux grands Lambrequins de tapisserie moderne au point à dessin chinois en laine bleue sur fond de soie blanche.

777 — Rideaux de toile claire à bordure mosaïque, brodées en bleu au point de croix.

778 — Chasuble de lampas Louis XV à fleurs brochées en couleurs avec parties tissées argent ; fond bleu damassé.

779 — Plusieurs Spécimens de belles Franges en passementerie mélangée de velours, à houppes, choux, ornements rembourrés, du XVIIᵉ siècle.

780 — Harnachement de cheval en velours grenat décoré de broderies d'or enrichies de paillettes métalliques, de franges, etc. Travail oriental.

781 — Selle de dame, Harnais en cuir.

782 — Tapis de table en peluche rouge avec applications de soie verte et dessins de cordonnet soutaché.

783 — Longue Portière de peluche rouge, broderie à la mécanique et fils dorés.

784 — Grands Rideaux de peluche violette.

785 — Descentes de lit en fourrure.

786 — Quantité d'Étoffes anciennes et modernes, soieries, velours, peluches, broderies, indiennes.

BRODERIES, ÉTOFFES

DE L'EXTRÊME-ORIENT

787-793 — Sept magnifiques Panneaux de tenture en broderie à reliefs en couleurs et fils métalliques dorés, représentant des personnages, des dragons, des paons, etc. Travail japonais.

794 — Panneau exécuté en broderie de soies de couleurs et de fils dorés sur satin bleu, représentant sept personnages dans une embarcation à voile dont la proue est figurée par une tête de dragon.

795 — Belle Portière en satin de Chine fond bleu de ciel, décorée d'une quantité de figures, de kiosques, de fleurs, en broderie de soies multicolores.

796 — Couvre-Lit de soie rouge piqué en soies de couleurs, à motifs d'oiseaux, d'animaux et d'entrelacs de caractère oriental.

797 — Portière en broderie de soies de couleurs et de fils dorés, à dragons, hongs-foangs, en des rosaces sur fond noir.

798 — Longue Portière en satin rouge feu à décor d'oiseaux et de fleurs en broderie de soies claires.

799 — Grand Tapis à décor de papillons multicolores brodés sur soie rouge lamée or et couverte d'entrelacs circulaires bleus au point de chaînette. Bordure de grecques bleu et or.

800 — Tapis en satin de Chine vert bronze à décor de paons, de cigognes et de fleurs, brodés en soie de couleurs.

801 — Portière en satin de Chine ponceau, à décor d'oiseaux aux plumages éclatants, en broderie de soies multicolores.

802 — Grand et beau Panneau en broderie de soie de toutes couleurs représentant des oiseaux, des grosses fleurs, des éléphants, fond bleu.

803 — Tapis carré en satin rouge de Chine avec oiseaux et fleurs, brodés en soie de toutes couleurs.

804 — Grand Lambrequin composé de trois bandes en broderie d'or et de soies de couleurs, poissons et papillons sur fond de soie blanche.

805 — Coussin chinois en tapisserie, représentant deux Poules, fond bleu.

806 — Autre Coussin tissé argent, cigogne et chimère, fond rouge.

807 — Large Bandeau en tapisserie très fine de la Chine, tissée or, représentant un vol de paons et de cigognes.

808 — Petit Tapis long, en tapisserie de la Chine, à décor de chimères, avec parties tissées d'or.

809 — Châle en crêpe rose de la Chine, couvert de broderies de soies multicolores, figures, papillons, fleurs, etc. Sans envers, il est bordé de franges assorties.

810 — Châle de même travail, à fond jaune.

811 — Grand Lambrequin composé de deux lés de soie brochée du Japon, à papillons et fleurs, en couleurs et dorure, sur fond orangé.

812 — Très grand Panneau de tenture, en Andrinople rouge décorée d'applications d'indienne, figurant des branches fleuries.

813 — Pièce en satin rose de la Chine.

814 — Autre Pièce en satin jaune d'or.

815 — Pièces d'Étoffes japonaises.

816 — Belle Robe japonaise de crêpe rouge, décorée en broderies de soies multicolores: de singes, d'éventails, etc.

817 — Costumes japonais et chinois. (Seront vendus sous ce numéro.)

818 — Quatre Stores japonais en paille avec bandes et encadrements de soies lamées or et argent.

TAPIS D'ORIENT

819 — Grand Tapis, haute laine, à dessins multicolores et fond bleu avec bordure d'arabesques.

820 — Beau et grand Tapis, haute laine, à losange central, entrelacs et riches bordures, le milieu fond rouge, les encadrements variés de couleurs.

821-848 — Vingt-huit Tapis anciens de la Perse, Tapis veloutés, haute laine, Carpettes, Tapis longs, Tapis de mosquée, etc., variés de dessin.

849-853 — Dix Portières en tapisserie de la Caramanie.

TAPISSERIES

854 — Belle Tapisserie Renaissance à petits personnages : Deux gentilshommes en costume du XVIe siècle tirent des canards, l'un avec une arbalète, l'autre avec une arquebuse; ils sont accompagnés de deux fauconniers. Bordure formée d'une guirlande de fleurs. — H. 2m60; L. 3 mètres.

855 — Belle Tapisserie flamande, à sujet d'après TÉNIERS. La Partie de Quilles, huit figures; bordures de rinceaux et de feuilles simulant un cadre doré. — H. 2m90; L. 3m95.

856 — Tapisserie de la même suite : Villageois se rendant au marché. — H. 2m90; L. 2m45.

857 — Tapisserie de la même suite : Colporteur et Villageoise portant une corbeille. — H. 2m90; L. 1m85.

858 — Grand Bandeau de tapisserie du XVIIe siècle, à décor de rinceaux grisaille sur fond rose. — H. 0m75; L. 4 mètres.

LIVRES

859 — **Gonse.** L'Art japonais. 2 vol.

860 — **Fétis.** Biographie des Musiciens.

861 — Livres illustrés modernes.

862 — Nombreux ouvrages anciens et modernes.

863 — Grande quantité de Musique.

864 — Livres anglais : Œuvres de SWIFT, SHAKESPEARE, LOCKE, JOHNSON, WALTER SCOTT, HUME, etc.

A. MAULDE et Cie, imprimeurs de la Compagnie des Commissaires-Priseurs, rue de Rivoli, 144. 1200—14024

www.ingramcontent.com/pod-product-compliance
Ingram Content Group UK Ltd.
Pitfield, Milton Keynes, MK11 3LW, UK
UKHW031935260826
14628UKWH00004B/1641

9 782329 532080